"十四五"职业教育国家规划教材

"十三五"职业教育国家规划教材

纯电动汽车整车控制系统检测与修复

天津职业技术师范大学汽车职业教育研究所 组编

主　编　申荣卫
副主编　宋建锋　张　岩
参　编　台晓虹　何泽刚　陈　刚

机械工业出版社

本书是采用"基于工作过程"的方法进行编写的，内容以典型工作任务为载体进行组织，主要包括整车控制系统的认知、整车控制系统工作模式的测试、整车控制系统的检测与修复三个学习情境，每个学习情境包含若干学习单元。每个学习单元以实际工作任务导入，理论部分包含理论知识和拓展阅读，实践技能部分以北汽EV160车型为例。为便于理实一体化教学实施，每个学习单元配有任务工单，用于指导学生进行实践操作。

为方便职业院校开展一体化教学和信息化教学，本书配套了新能源汽车专业信息化教学网络平台，借助该平台，教师可开展线上和线下教学活动，平台上为每个学习单元开发了教学设计、教学课件、任务工单、教学录像、操作视频、教学动画等丰富的教学资源。联系邮箱：463243836@qq.com。

本书可作为职业院校新能源汽车专业的教学用书，也可以供新能源汽车技术培训机构使用，同时也可作为新能源汽车从业人员的学习参考书。

图书在版编目（CIP）数据

纯电动汽车整车控制系统检测与修复/申荣卫主编. —北京：机械工业出版社，2018.4（2024.3重印）
职业教育新能源汽车专业理实一体化教材
ISBN 978-7-111-59367-6

Ⅰ.①纯… Ⅱ.①申… Ⅲ.①电动汽车-控制系统-性能检测-高等职业教育-教材②电动汽车-控制系统-车辆修理-高等职业教育-教材 Ⅳ.①U469.720.7

中国版本图书馆CIP数据核字（2018）第045374号

机械工业出版社（北京市百万庄大街22号 邮政编码100037）
策划编辑：于志伟　责任编辑：于志伟
责任校对：张　征　封面设计：鞠　杨
责任印制：常天培
北京宝隆世纪印刷有限公司印刷
2024年3月第1版第12次印刷
184mm×260mm·8印张·1插页·187千字
标准书号：ISBN 978-7-111-59367-6
定价：34.80元

电话服务　　　　　　　　网络服务
客服电话：010-88361066　　机　工　官　网：www.cmpbook.com
　　　　　010-88379833　　机　工　官　博：weibo.com/cmp1952
　　　　　010-68326294　　金　书　网：www.golden-book.com
封底无防伪标均为盗版　　机工教育服务网：www.cmpedu.com

关于"十四五"职业教育
国家规划教材的出版说明

为贯彻落实《中共中央关于认真学习宣传贯彻党的二十大精神的决定》《习近平新时代中国特色社会主义思想进课程教材指南》《职业院校教材管理办法》等文件精神，机械工业出版社与教材编写团队一道，认真执行思政内容进教材、进课堂、进头脑要求，尊重教育规律，遵循学科特点，对教材内容进行了更新，着力落实以下要求：

1. 提升教材铸魂育人功能，培育、践行社会主义核心价值观，教育引导学生树立共产主义远大理想和中国特色社会主义共同理想，坚定"四个自信"，厚植爱国主义情怀，把爱国情、强国志、报国行自觉融入建设社会主义现代化强国、实现中华民族伟大复兴的奋斗之中。同时，弘扬中华优秀传统文化，深入开展宪法法治教育。

2. 注重科学思维方法训练和科学伦理教育，培养学生探索未知、追求真理、勇攀科学高峰的责任感和使命感；强化学生工程伦理教育，培养学生精益求精的大国工匠精神，激发学生科技报国的家国情怀和使命担当。加快构建中国特色哲学社会科学学科体系、学术体系、话语体系。帮助学生了解相关专业和行业领域的国家战略、法律法规和相关政策，引导学生深入社会实践、关注现实问题，培育学生经世济民、诚信服务、德法兼修的职业素养。

3. 教育引导学生深刻理解并自觉实践各行业的职业精神、职业规范，增强职业责任感，培养遵纪守法、爱岗敬业、无私奉献、诚实守信、公道办事、开拓创新的职业品格和行为习惯。

在此基础上，及时更新教材知识内容，体现产业发展的新技术、新工艺、新规范、新标准。加强教材数字化建设，丰富配套资源，形成可听、可视、可练、可互动的融媒体教材。

教材建设需要各方的共同努力，也欢迎相关教材使用院校的师生及时反馈意见和建议，我们将认真组织力量进行研究，在后续重印及再版时吸纳改进，不断推动高质量教材出版。

机械工业出版社

职业教育新能源汽车专业理实一体化教材

编写委员会

编委会顾问
  朱 军 王仁广 王 斌

编委会主任
  申荣卫

编委会成员
  周 毅 孔 超 包丕利 何泽刚 宋建锋
  台晓虹 冯勇鑫 杨小刚 石培吉 张 岩

前言

Preface

  2022年，我国新能源汽车产量为705.8万辆、销量为688.7万辆，保有量为1310万辆，我国新能源汽车产业已走在世界前列。2015年，工业和信息化部《〈中国制造2025〉重点领域技术路线图（2015年版）》正式公布，明确提出纯电动和插电式混合动力汽车、燃料电池汽车是我国未来在新能源汽车领域的重点发展方向。2020年中国汽车工程学会《节能与新能源汽车技术路线图2.0》的发布，再次为新能源汽车技术发展提出了更为明确的思路和路径。

  目前，我国职业院校肩负着培养新能源汽车技术技能人才的重任。在中国汽车工程学会汽车应用与服务分会的指导下，天津职业技术师范大学汽车职业教育研究所在参与完成教育部"新能源汽车行业人才需求与职业院校专业设置指导报告"课题的基础上，组织汽车专业一线教师编写了本套理实一体化教材。

  本书采用"基于工作过程"的方法进行编写，在对新能源汽车技术技能人才岗位调研的基础上，分析出岗位典型工作任务，然后根据典型工作任务提炼了行动领域，在此基础上构建了工作过程系统化的课程体系。为方便职业院校开展一体化教学和信息化教学，本书配套开发了新能源汽车专业信息化教学网络平台，借助该平台，教师可开展线上和线下教学活动，平台上为每一个学习单元配套开发了教学设计、教学课件、任务工单、教学录像、操作视频、教学动画等丰富的教学资源。同时本书附有北汽EV200/EV160纯电动汽车部分原理图，方便读者了解新能源汽车控制系统的总体电路，进行电路分析及相关的故障诊断。

  本书主要包括整车控制系统的认知、整车控制系统工作模式的测试、整车控制系统的检测与修复三个学习情境，每个学习情境包含若干学习单元。本书全部内容均在实际车上进行过验证。

  本书始终坚持正确的政治方向，以国家和社会的需求为导向，以专业人才培养目标为依据，以所在专业能力结构为主线。本次重印，将习近平新时代中国特色社会主义思想和党的二十大精神融入教材，以全力打造精品教材为出发点，以每一个学习情境、每一个学习单元、每一幅插图为落脚点，全面落实立德树人的根本任务，发挥铸魂育人实效。

  本书由天津职业技术师范大学申荣卫担任主编，天津职业技术师范大学宋建锋、上海城市科技学校张岩担任副主编，天津职业技术师范大学台晓虹、天津交通职业学院何泽刚、湖南汽车工程职业学院陈刚参与编写，中汽研新能源汽车检测中心（天津）有限公司王仁广（负责全书典型工作任务的确定）、天津职业技术师范大学石培吉（负责全书知识性内容的审核）担任主审。

  在本书编写过程中，天津闻达天下科技有限责任公司提供了设备、资金和技术支持，在此表示衷心的感谢。编写过程中参考了大量国内外相关著作和文献资料，在此一并向有关作者表示感谢。

  由于编者水平有限，书中难免有错漏之处，敬请读者批评指正。

编 者

二维码清单

名称	图形	名称	图形
1.1-整车控制器数据流读取1		2.3-制动能量回馈控制	
1.1-整车控制器数据流读取2		2.4-电动车中度故障认知	
1.2-整车工作模式认知		2.4-非正常换档测试	
2.1-电动车静态上电测试		3.1-真空压力传感器信号失效	
2.1-车辆中控监控信息系统		3.3-新能源CAN波形观测	

目录

前言

学习情境 1　整车控制系统的认知 ··· 1

　学习单元 1.1　整车控制系统概述 ··· 2
　任务工单 1.1 ·· 16
　学习单元 1.2　整车控制器的检查与更换 ······································· 18
　任务工单 1.2 ·· 29

学习情境 2　整车控制系统工作模式的测试 ····································· 31

　学习单元 2.1　车辆静态测试 ··· 32
　任务工单 2.1 ·· 45
　学习单元 2.2　车辆运行状态测试 ·· 47
　任务工单 2.2 ·· 56
　学习单元 2.3　制动能量回收功能测试 ·· 58
　任务工单 2.3 ·· 65
　学习单元 2.4　保护功能测试 ··· 67
　任务工单 2.4 ·· 76

学习情境 3　整车控制系统的检测与修复 ·· 79

　学习单元 3.1　输入电路异常的检测与修复 ···································· 80
　任务工单 3.1 ·· 93
　学习单元 3.2　输出电路异常的检测与修复 ···································· 96
　任务工单 3.2 ·· 105
　学习单元 3.3　通信电路异常的检测与修复 ··································· 108
　任务工单 3.3 ·· 117

参考文献 ··· 119

附录 ··· 120

    附录 A　《纯电动汽车整车控制系统检测与修复》理实一体化教室布置图 ········ 120

    附录 B　北汽 EV200/EV160 纯电动汽车部分原理图（见书后插页）

学习情境 1

整车控制系统的认知

🔸 学习目标

素质目标：
1. 能通过与客户交流和查阅相关维修技术资料获取车辆信息。
2. 能独立制订工作计划并按计划实施。
3. 能正确遵守个人和车间安全作业要求，注重个人安全防护。
4. 能正确检查工作质量并进行自我评估。
5. 能具有良好的团队协作精神和执行力。

能力目标：
1. 能向客户介绍整车控制系统的作用和主要部件安装位置。
2. 能向客户介绍整车 CAN 网络结构。
3. 能正确使用故障诊断仪进行整车控制器数据流读取和数据分析。
4. 能向客户介绍整车控制器的功能。
5. 能向客户介绍驱动控制基本工作原理。
6. 能向客户介绍制动能量回收的工作原理。
7. 能向客户介绍高压上、下电流程。

知识目标：
1. 了解控制系统的基本概念。
2. 熟悉典型新能源汽车整车控制系统的组成。
3. 掌握新能源汽车整车控制系统的基本功能。
4. 了解整车控制器的概念。
5. 熟悉典型新能源汽车整车控制系统的控制原理。
6. 掌握整车控制器的功能及控制电路原理。

学习单元1.1　整车控制系统概述

任务导入

假如你是北汽新能源4S店的一名车辆维修人员，需要对某待维修的车辆进行整车状态参数读取，请问你会正确使用故障诊断仪进行数据流读取吗？

学习目标

1. 能通过与客户交流和查阅相关维修技术资料获取车辆信息。
2. 能独立制订工作计划并按计划实施。
3. 能向客户介绍整车控制系统的作用和主要部件的安装位置。
4. 能向客户介绍整车CAN网络结构。
5. 能正确使用故障诊断仪进行整车控制器数据流的读取和分析。
6. 能遵守个人和车间安全作业要求，注重个人安全防护。
7. 能正确地检查工作结果并进行自我评估。

理论知识

1.1.1　电动汽车整车控制系统的作用

1. 控制系统的基本概念

控制系统一般包括传感器、控制器和执行元件。传感器采集信息并转换成电信号发送给控制器，控制器根据传感器的信息进行运算、处理和决策，并向执行元件发送控制指令以完成某项控制功能，如图1-1-1所示。

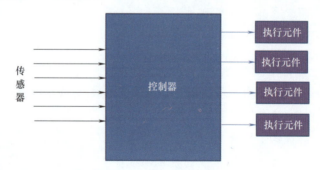

图1-1-1　控制系统的组成

当系统中有两个控制系统且两个控制系统需要相互通信时，可以通过CAN总线将两个控制系统连接起来，如图1-1-2所示。

当系统中有多个控制系统且控制系统之间有通信需求时，多个控制系统可以连接在CAN总线上实现控制系统之间的信息通信，如图1-1-3所示。在传统汽车控制系统中，这些控制系统是对等的、没有主次之分的。在新能源汽车控制系统中，一般会有一个控制器，如整车控制器除了完成自身一些控制功能外，还肩负着整个控制系统的管理和协调功能。

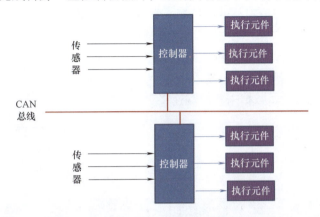

图1-1-2　基于CAN总线的控制系统（一）

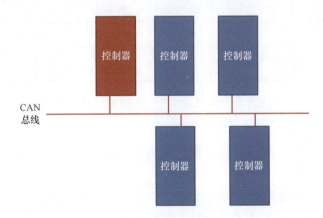

图1-1-3　基于CAN总线的控制系统（二）

整车控制采用分层控制方式：整车控制器作为第一层，其他各控制器为第二层，各控制器之间通过CAN网络进行信息交互，共同实现整车的功能控制，如图1-1-4所示。

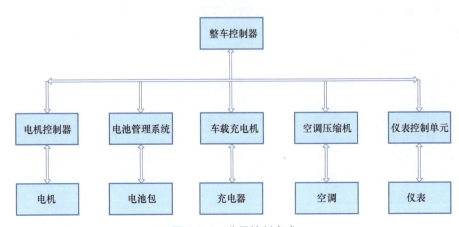

图1-1-4　分层控制方式

2. 新能源汽车整车控制系统

新能源汽车整车控制系统是基于 CAN 总线的多个控制系统的集成系统，以整车控制器为管理核心，实现电池管理控制、电机控制、空调控制、电动助力转向控制、制动控制等。北汽 EV160 纯电动汽车轿车整车控制系统网络结构如图 1-1-5 所示，主要控制系统均连接在新能源 CAN 总线上，实现控制系统之间的信息交互。仪表系统通过原车 CAN 和整车控制器连接，系统程序需要更新时，通过刷程序 CAN 与整车控制器 VCU 进行通信。快充口通过快充 CAN 与电池管理系统及数据采集终端连接。

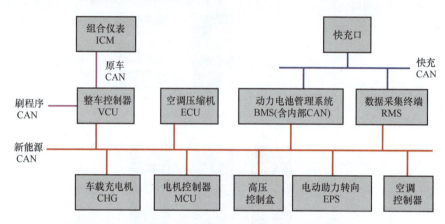

图 1-1-5　北汽 EV160 纯电动汽车轿车整车控制系统网络结构

整车控制器具有以下功能：

1）接收、处理驾驶人的驾驶操作指令，并向各个部件控制器发送控制指令，使车辆按驾驶期望行驶。

2）与电机、DC/DC 变换器、蓄电池组等进行可靠通信，通过 CAN 总线（以及关键信息的模拟量）进行状态的采集输入及控制指令量的输出。

3）接收处理各个零部件信息，接收动力电池管理系统提供的当前动力电池的状态信息。

4）系统故障的判断和存储，动态检测系统信息，记录出现的故障。

5）对整车具有保护功能，视故障的类别对整车进行分级保护，紧急情况下可以关掉电机并切断母线高压系统。

6）协调管理车上其他电器设备。

1.1.2　北汽 EV160 纯电动汽车整车控制系统的组成

北汽 EV160 纯电动汽车的整车控制系统结构如图 1-1-6 和图 1-1-7 所示，按照各部件的功能，可以将整车控制系统分为动力电池系统、充电系统、驱动电机系统、传动系统、电动助力转向系统、制动系统等。该车的主要高压部件，都集中在了汽车前机舱内，如电机控制器、高压控制盒、DC/DC 变换器、车载充电机、驱动电机等。

1. 动力电池系统

动力电池系统如图 1-1-7 所示，主要由动力电池模组、动力电池箱、电池管理系统（BMS）及其他相应的辅助元器件组成。

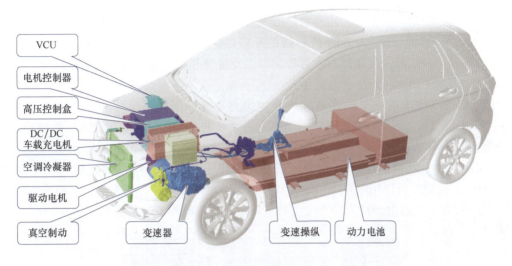

图 1-1-6　EV160 整车控制系统结构

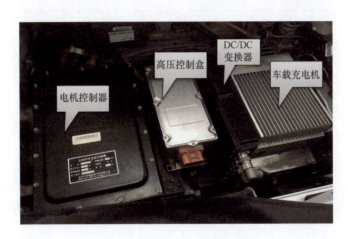

图 1-1-7　EV160 机舱内高压部件

(1) 动力电池模组　动力电池模组一般是由多个电池模块串联组成的组合体, 如图 1-1-8 所示。电池模块是由电池单体并联组成。电池模块的额定电压与电池单体的额定电压相等, 是电池单体在物理结构和电路上连接起来的最小分组, 当出现故障时, 可以作为一个单元进行替换。动力电池箱用来封装动力电池模组。

(2) 电池管理系统 (BMS)　BMS 是动力电池模组与整车控制器进行信息交换与控制交互的桥梁, 它通过控制接触器来控制动力电池组的充放电, 同时向整车控制器上报

图 1-1-8　动力电池模组

动力电池系统的实时状态及故障信息,保证动力电池安全可靠地工作,并充分发挥动力电池的能力,有效延长动力电池的使用寿命。

(3)辅助元器件 动力电池系统的辅助元器件主要包括系统内部的电子元器件,如熔断器、继电器、分流器、接插件、烟雾传感器以及维修开关、密封条和绝缘材料等。

2. 充电系统

北汽 EV160 纯电动汽车的充电系统分为快充系统和慢充系统两部分,其系统简图如图 1-1-9 和图 1-1-10 所示。由图可以看出,充电系统的关键部件主要包含高压控制盒、DC/DC 变换器及车载充电机。高压控制盒的主要作用是完成动力电池电能的输出及分配,并实现对支路用电设备的保护;DC/DC 变换器的主要作用是将动力电池的高压直流电转换为 12V 直流电,为整车低压用电系统供电,并在低压蓄电池亏电时为其充电;车载充电机的主要作用是将 220V 交流电转换为动力电池的直流电,实现电池电量的补给。

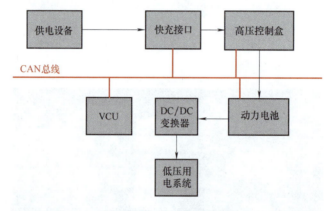

图 1-1-9 快充系统简图

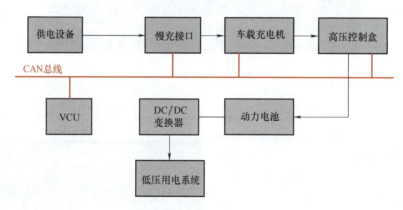

图 1-1-10 慢充系统简图

快速充电模式下,供电设备为快速充电桩,提供的高压直流电通过快充接口,经高压控制盒进行高压配电后,为动力电池充电;慢速充电模式下,供电设备一般为适配充电器,供电设备将获取的 220V 交流电直接提供给慢充接口,由车载充电机将交流电转换为高压直流电,再经过高压配电后才能为动力电池充电。高压控制盒、DC/DC 变换器及车载充电机的实物图如图 1-1-11 所示。

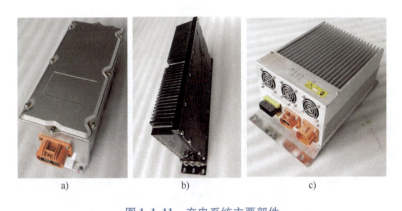

图 1-1-11 充电系统主要部件
a) 高压控制盒　b) DC/DC 变换器　c) 车载充电机

3. 驱动电机系统

驱动电机系统作为纯电动汽车的主要部件之一，是车辆的主要驱动机构，其特性决定了车辆的动力性能，并直接影响车辆的经济性能。北汽 EV160 纯电动汽车的电机驱动系统主要由电机控制器和驱动电机构成，并通过高低压线束、冷却管路与整车其他系统做电气和散热连接，如图 1-1-12 所示。整车控制器根据驾驶人意图发出指令，由电机控制器响应并反馈，实时调整驱动电机的输出，以实现整车怠速、加减速、能量回收及倒车等工作状态。电机控制器还能够实时进行电机状态和故障检测，以保护驱动电机系统和整车安全可靠运行。

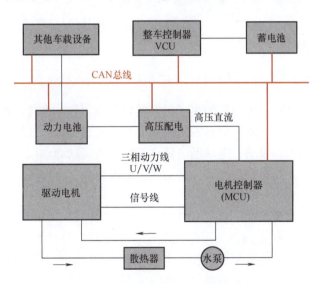

图 1-1-12 北汽 EV160 纯电动汽车电机驱动系统

4. 传动系统

北汽 EV160 纯电动汽车的传动系统，主要指其搭载的前置前驱减速器：EF126B02 减速器，如图 1-1-13 所示。该部件主要功能是匹配驱动电机转速、提高转矩，以满足整车驱动需求。EF126B02 减速器采用左右分箱、两级传动的结构设计，结构紧凑，体积较小。同时采用了前进档和倒档共用的结构设计，整车的倒车行驶通过电机反转实现。

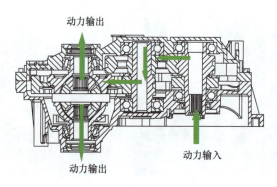

图 1-1-13　EF126B02 减速器结构图

5. 电动助力转向系统（EPS）

电动助力转向系统（EPS）由车速传感器、转矩传感器、电子控制单元及助力电机等组成，如图 1-1-14 所示。

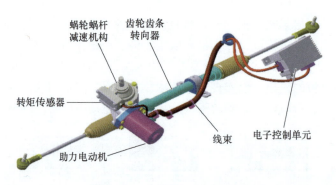

图 1-1-14　电动助力转向系统

在电动助力转向系统中，电子控制单元根据转矩传感器和车速传感器的信号计算所需的转向助力，控制助力电机的转动，电机输出的动力经过减速机构减速增矩后驱动齿轮齿条转向器产生相应的转向助力。目前，电动助力转向系统，按照助力作用位置的不同，可以分为管柱助力式、齿轮助力式和齿条助力式。助力电机的电源为 12V，由 DC/DC 变换器提供。

6. 制动系统

制动系统的作用主要有三个：使行驶中的汽车按照驾驶人的要求进行强制减速甚至停车；使已停止的汽车在各种道路条件下稳定驻车；使下坡行驶的汽车速度保持稳定。北汽 EV160 纯电动汽车的制动系统采用了电动真空助力系统进行助力，当汽车起动后，整车控制器会自动进行真空压力检测，若真空罐中的真空度小于设定值，则真空压力传感器输出相应信号至整车控制器，整车控制器控制电动真空泵开始工作，当真空度达到设定值后，整车控制器控制真空泵停止工作。当真空罐的真空度由于制动而有所消耗时，同样由整车控制器控制真空泵工作。

此外，当汽车运行时，动力系统能够回收部分制动能量，并通过车辆对驱动电机反拖，将制动能量转换为电能为动力电池充电。相比传统汽车的制动能量全部转化为热能消散，纯电动汽车制动能量回收功能能够有效地提高整车能量利用效率，并增加车辆续驶里程。

1.1.3　电动汽车的整车控制

纯电动汽车动力系统中主要有电机驱动装置、传动系统和动力电池等。当汽车动力系统结构和各部件配置确定之后，就需要有一个性能优越、安全可靠的整车控制策略来保证汽车的正常运行。所谓整车控制，就是由控制器通过汽车运行过程中各部件的运行状态，合理控制车辆的能量分配，协调各部件工作，以充分发挥各部件的性能，在保证汽车正常运行的前提下，实现汽车的最佳运行状态。整车控制策略，需要控制车辆在满足驾驶人意图、汽车的动力性、平顺性和其他基本技术性能以及成本控制等要求的前提下，针对各部件的特性及汽车的运行工况，实现能量在电机、动力电池之间的合理有效分配，从而使整车系统效率达到最高，获得整车最大的经济性以及平稳的驾驶性能。一般整车控制策略包括了以下几个方面：

1. 汽车驱动控制

根据驾驶人的驾驶要求、车辆状态、道路及环境状况等信息，分析车辆的动力需求，由整车控制器向电机控制器发送转矩控制指令，电机控制器控制主驱动电机输出合适的动力来驱动车辆。

2. 制动能量回馈控制

当汽车减速制动时，整车控制器根据制动踏板和加速踏板信息、车辆行驶状态信息、蓄电池状态信息，计算再生制动力矩，向电机控制器发出指令完成制动能量回收。

3. 整车能量优化管理

通过对车载能源动力系统的管理，提高整车能量利用效率，延长纯电动车的续驶里程。

4. 车辆状态显示

对车辆实时速度、动力电池状态等信息进行采集和转换，由主控制器通过汽车仪表进行显示。

1.1.4　纯电动汽车电机驱动系统分类

纯电动汽车是仅依靠电能驱动的车辆，相比于传统燃油汽车，其摆脱了对石油储量的依赖，能量运行高效，对环境无污染。纯电动汽车的动力传动系统包括电机控制器、主驱动电机和相应的传动机构（变速器、主减速器、差速器等）。根据电机的不同布置，可以分为集中电机驱动系统、多电机驱动系统和轮毂电机驱动系统三种。

（1）集中电机驱动系统　目前是纯电动汽车中最常用、技术也最成熟的驱动方式，此类纯电动汽车的结构如图1-1-15所示。

集中电机驱动系统的驱动力由一个主电机提供，电机的驱动力通过传动机构传递给车轮，驱动车辆行驶。此类纯电动汽车的传动机构与传统燃油汽车基本没有差异，只是采用电机替代内燃机、电池组替代燃油箱，并根据不同类型的驱动电机加装了DC/DC变换器或DC/AC逆变器和电机控制器等。

（2）多电机驱动系统　多电机驱动系统是在纯电动汽车中采用多个电机来分别驱动车

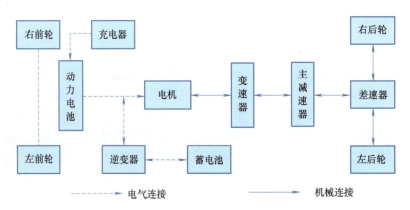

图 1-1-15　集中电机驱动系统的结构

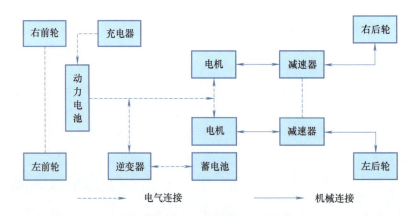

图 1-1-16　双电机驱动系统的结构

轮。这类驱动系统驱动方式也多样化，既可采用同种类型的电机，又可采用不同种类型的电机。以双电机驱动系统结构为例，来介绍多电机驱动系统，如图 1-1-16 所示。

该系统的驱动轮由两个电机分别驱动，其传动机构和集中电机驱动系统相比，省去了变速器和差速器等机械装置，只采用了减速器来连接电机和驱动轮，通过控制电机的转速和转矩来直接驱动汽车。该方式使得驱动系统结构得以简化，同时能够减小传动系统的机械损失；采用多电机的驱动方式可以降低单个电机的功率，提高整车的功率；电机的无级调速可以使纯电动汽车的加减速变得更加平滑，驾驶舒适感大大提高。但是由于该结构中没有机械差速装置，因此需要整车控制器对驱动轮进行差速控制，以实现车辆的转向行驶。

（3）轮毂电机驱动系统　如图 1-1-17 所示，这种系统将电机本体、车轮轮毂壳体和齿轮传动系统集成为一体，大大简化了汽车的机械传动机构，整个系统结构中均为电气连接，整车效率较高。目前这种驱动结构在电动自行车和电动摩托车上的应用非常普遍。采用四个轮毂电机独立驱动的汽车，可进一步提高车轮控制的动态响应性，通过微机控制更易实现在传统轿车上较难实施的各种性能优化措施，从而改善操控性和安全性。此外，轮毂电机以及线控技术在纯电动汽车上的应用使得纯电动汽车的整车结构变得更加紧凑，车身的设计将不再受制于底盘的限制，这将给车身的设计创造很大的空间。

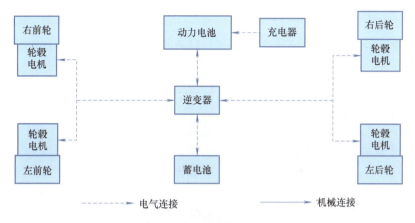

图 1-1-17　轮毂电机驱动系统的结构

1.1.5　整车控制器数据流的读取

1. 安全提示

利用故障诊断仪读取整车控制器数据流时,应注意在进行仪器连接时需保证车钥匙置于 OFF;完成仪器连接后,在进入诊断系统之前需要将车钥匙置于 ON,此时应确保车辆档位处于 N 位,且驻车制动拉杆处于拉起位置;在进行相关动态数据流观测时,如加速踏板开度数据流的观测,需注意安全操作。

2. 仪器连接

北汽 EV160 纯电动汽车配套的故障诊断仪如图 1-1-18 所示。

图 1-1-18　故障诊断仪

故障诊断仪连接步骤如下:
1) 打开车门。
2) 安装脚垫。
3) 安装转向盘套。

4）安装座椅套。

5）车钥匙置于 OFF 位。

6）将故障诊断仪连接端子一头插在车辆故障诊断接口上。

7）将端子另一头插在故障诊断仪计算机上。

完成连接后，需通过诊断仪上的指示灯观察故障诊断仪与车辆通信是否正常。若故障诊断仪无法正常连接车辆，应进行故障排查，排查方法如下：

1）使用万用表，检查整车控制器的供电是否正常；同时需检查低压电器盒中为整车控制器供电的各个供电熔丝是否正常。

2）使用万用检查 OBD 诊断接口与整车控制器 VCU 通信的 CAN 总线线束连接是否牢固，线路通断是否正常。

3）若以上检查都正常，则需更换整车控制器。

3. 数据流读取

连接好故障诊断仪后，进行整车状态数据流的读取。此时，诊断软件界面的显示情况如图 1-1-19 所示。具体操作步骤如下：

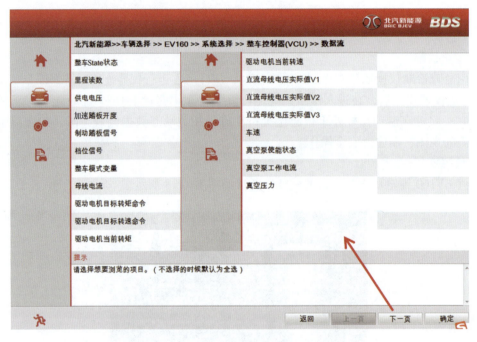

图 1-1-19　整车控制器数据流项目

1）车钥匙置于 ON 位。

2）运行故障诊断软件。

3）选择车型 EV160。

4）选择系统。

5）选择整车控制器。

6）选择数据流。

通过故障诊断仪能够观测到的整车控制器中的数据信息包括：整车 State 状态、里程读数、供电电压、加速踏板开度、制动踏板信号、档位信号、整车模式变量、母线电流、驱动电机目标转矩命令、驱动电机目标转速命令、驱动电机当前转矩、驱动电机当前转速、直流母线电压实际值V1、V2、V3、车速、真空泵使能状态、真空泵工作电流和真空压力。

单击诊断软件界面右下方的"确定"按钮，就能够显示车辆当前状态下整车控制器中的各信号和部件状态的数据信息，如图1-1-20所示。

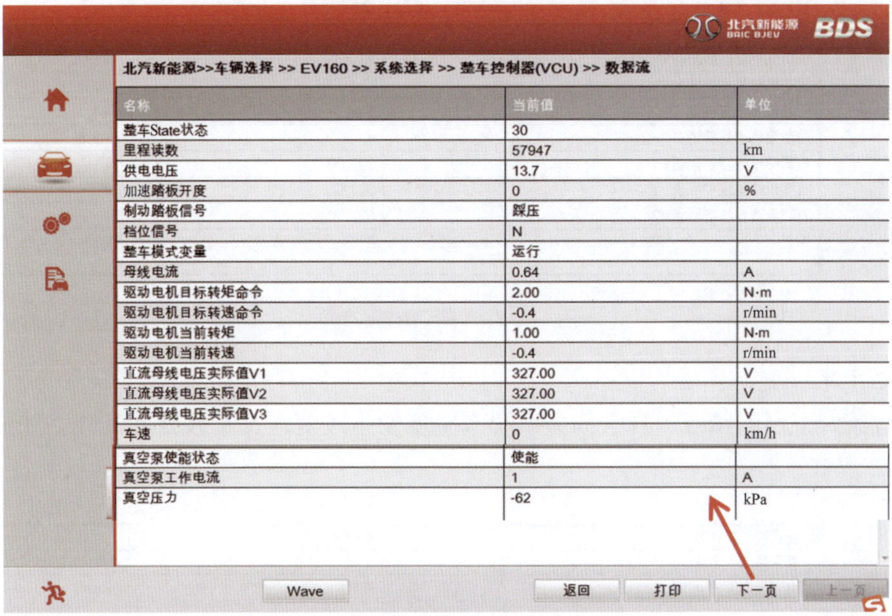

图1-1-20　整车控制器数据流信息

4. 数据信息测试

下面以加速踏板开度、制动踏板状态、真空助力系统状态及驱动电机状态为例，通过改变车辆状态，来进行数据流变化的观测。具体操作步骤如下：

1）踩下加速踏板，加速踏板开度信号会发生变化，如图1-1-21所示。

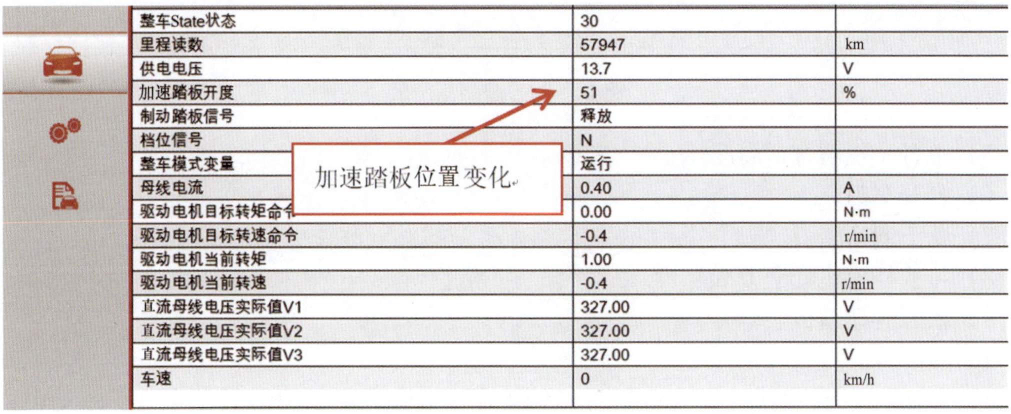

图1-1-21　加速踏板开度信号

2）踩下制动踏板，制动踏板信号由"释放"变为"踩压"，如图1-1-22所示。

整车State状态	30	
里程读数	57947	km
供电电压	13.7	V
加速踏板开度	0	%
制动踏板信号	踩压	
档位信号	N	
整车模式变量	运行	
母线电流	0.64	A
驱动电机目标转矩命令	2.00	N·m
驱动电机目标转速命令	-0.4	r/min
驱动电机当前转矩	1.00	N·m
驱动电机当前转速	-0.4	r/min
直流母线电压实际值V1	327.00	V
直流母线电压实际值V2	327.00	V
直流母线电压实际值V3	327.00	V
车速	0	km/h

图1-1-22　制动踏板信号

3）单击下一页。

4）连续踩下制动踏板，真空助力系统真空度发生改变，真空泵开始工作，如图1-1-23所示。

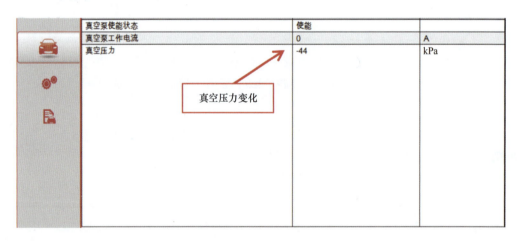

图1-1-23　制动真空度

5）举升车辆至合适高度。

6）打开车门。

7）踩下制动踏板。

8）将换档旋钮置于D位。

9）松开制动踏板。

10）踩下加速踏板。

11）观察到母线电流、驱动电机目标转矩命令、驱动电机目标转速命令、驱动电机当前转矩、驱动电机当前转速、车速均发生相应变化，如图1-1-24所示。

12）降下车辆。

整车State状态	30	
里程读数	57947	km
供电电压	13.7	V
加速踏板开度	3	%
制动踏板信号	释放	
档位信号	D	
整车模式变量	运行	
母线电流	5.48	A
驱动电机目标转矩命令	12.00	N·m
驱动电机目标转速命令	-0.4	r/min
驱动电机当前转矩	11.00	N·m
驱动电机当前转速	731.6	r/min
直流母线电压实际值V1	325.00	V
直流母线电压实际值V2	325.00	V
直流母线电压实际值V3	325.00	V
车速	10	km/h

图 1-1-24　驱动系统动态数据

13）取下座椅套、转向盘套和脚垫。

14）关闭车门。

单元小结

1. 新能源汽车整车控制系统是基于 CAN 总线的多个控制系统的集成系统，以整车控制器为管理核心，实现电池管理控制、电机控制、空调控制、电动助力转向控制、制动控制等。

2. 所谓整车控制就是由控制器通过汽车运行过程中各部件的运行状态合理控制车辆的能量分配，协调各部件的性能，在保证汽车正常运行的前提下，实现汽车的最佳运行状态。

3. 按照各部件的功能，可以将北汽 EV160 纯电动汽车的整车控制系统分为动力电池系统、充电系统、驱动电机系统、传动系统、电动助力转向系统、制动系统等。

4. 整车控制策略包括：汽车驱动控制；制动能量回馈控制；整车能量优化管理；车辆状态显示。

任务工单 1.1

任务名称	整车控制系统概述	学时	4	班级	
学生姓名		学生学号		任务成绩	
实训设备	北汽 EV160 纯电动汽车 4 辆、故障诊断仪 4 个、维修资料 4 套、车辆防护套装 4 套	实训场地	理实一体化教室	日期	
实训任务描述	假如你是北汽新能源 4S 店的一名车辆维修人员，需要对某待维修的车辆进行整车状态参数读取，请你正确地使用故障诊断仪进行整车控制器数据流的读取				
任务目的	以任务为导向，指导学生学习故障诊断仪及故障诊断软件的使用，使学生能够利用故障诊断仪进行车辆状态信息数据流的读取和测试				

一、资讯

1. 控制系统一般包括_____、_____和_____。
2. 在新能源汽车控制系统中，一般会有一个控制器，如_____除了完成自身一些控制功能外，还肩负着整个控制系统的管理和协调功能。
3. 北汽 EV160 纯电动汽车的整车控制系统包括_____、_____、_____、_____、_____、_____等。
4. 动力电池系统主要由_____、动力电池箱、_____（BMS）及其他相应的辅助元器件组成。
5. DC/DC 变换器的作用是_____。
6. 北汽 EV160 纯电动汽车的充电系统分为_____系统和_____系统两部分。
7. 慢充与快充相比，车上多了一个_____。
8. 北汽 EV160 纯电动汽车的驱动电机系统主要由_____和_____构成，并通过高低压线束、冷却管路与整车其他系统做电气和散热连接。
9. 目前，电动助力转向系统，按照助力作用位置的不同，可以分为_____、齿轮助力式和齿条助力式。助力电机的电源为 12V，由_____提供。
10. 整车控制策略的内容一般有_____、_____、_____、_____。

二、计划与决策

请根据实训任务要求，确定实践操作所需要的资料及用具，小组成员通过分工合作完成实训任务。

1. 需要的资料及用具

2. 小组成员分工

3. 读取整车控制器数据流的流程

三、实施

1. 仪器连接顺序：_____。
2. 在车辆未上电时，故障诊断盒上指示灯点亮情况：_____。
3. 进行通信时，故障诊断盒上指示灯点亮情况：_____。
4. 静态下读取以下整车控制器数据信息：

整车 State 状态		驱动电机目标转矩命令	
里程读数		驱动电机目标转速命令	
供电电压		驱动电机当前转矩	
加速踏板开度		驱动电机当前转速	
制动踏板信号		直流母线电压实际值 V1	
档位信号		直流母线电压实际值 V2	
整车模式变量		直流母线电压实际值 V3	
母线电流		车速	
真空泵使能状态		真空泵工作电流	
真空压力		—	—

5. 踩下制动踏板，对应的数据信息变为：_____。
6. 连续踩下制动踏板，汽车有什么现象：_____。
7. 连续踩下制动踏板，有哪些整车控制器数据信息发生变化：_____
_____。
8. 试解释连续踩下制动踏板后，相关数据信息发生变化的原因：_____
_____
_____
_____
_____。

四、检查

任务完成后，做如下检查：
1. 故障诊断仪是否能够与车辆进行通信：_____。
2. 是否注意安全操作：_____。
3. 是否按照流程进行操作：_____。
4. 观察的数据流是否存在异常：_____。
5. 仪器设备及场地是否恢复：_____。

五、评估

1. 请根据自己任务完成的情况，对自己的工作进行自我评估，并提出改进意见。
  1) _____。
  2) _____。
  3) _____。
  4) _____。
2. 工单成绩（总分为自我评价、组长评价和教师评价得分值的平均值）

自我评价	组长评价	教师评价	总分

学习单元 1.2　整车控制器的检查与更换

任务导入

假如你是北汽新能源 4S 店的一名车辆维修人员，某待维修的车辆经检测后，发现整车控制器存在故障，请按照正确操作规范进行整车控制器的更换。

学习目标

1. 能通过与客户交流和查阅相关维修技术资料获取车辆信息。
2. 能独立制订工作计划并按计划实施。
3. 能向客户介绍整车控制器的功能。
4. 能向客户介绍驱动控制基本的工作原理。
5. 能向客户介绍制动能量回收的工作原理。
6. 能向客户介绍高压上、下电流程。
7. 能遵守个人和车间安全作业要求，注重个人安全防护。
8. 能正确地检查工作结果并进行自我评估。

理论知识

1.2.1　整车控制器

整车控制器（VCU，Vehicle Control Unit），是整个电动汽车的核心控制部件，它通过采集加速踏板信号、制动踏板信号及其他部件信号，进行相应地判断，然后控制各部件控制器动作，实现电动汽车的正常行驶。整车控制器通过 CAN 总线与相关部件控制器交换信息并对当前车辆运行状态进行管理、调度。例如整车控制器通过采集踏板信号对驾驶人意图进行解读，然后针对车辆的不同配置，进行相应的能量管理，通过 CAN 总线将控制指令传递给电机控制器，实现整车驱动及相应部件的控制。北汽 EV160 纯电动汽车的整车控制器如图 1-2-1 所示。

图 1-2-1　整车控制器

1.2.2　北汽 EV160 纯电动汽车整车控制原理

北汽 EV160 纯电动汽车整车控制系统采用了集中控制与分布式处理相结合的车辆控制系统结构，各部件都有独立的控制器，整车控制器对整个系统集中进行能量管理及各部件的协调控制。为满足系统数据交换量大、实时性、可靠性要求高的特点,整个分布式控制系统之间采用 CAN 总线进行通信。其整车控制原理如图 1-2-2 所示。

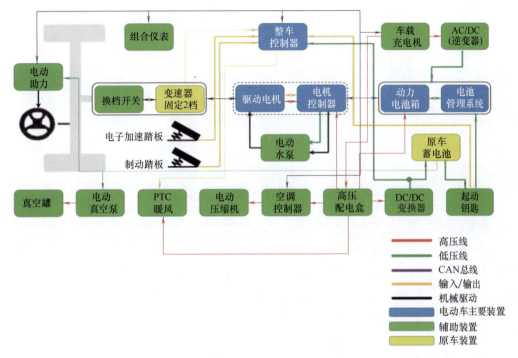

图 1-2-2　北汽 EV160 纯电动汽车整车控制原理

北汽 EV160 纯电动汽车整车结构按照工作电压强度可以分为高压系统和低压系统;按照部件连接特性可以分为机械连接、电气连接及信号连接;按类型又可将信号分为输入信号、输出信号及通信信号。车辆的各个部件协同工作,受到整车控制器集中控制,因此,整车控制器作为电动汽车的"大脑",在整车控制系统中起到至关重要的作用。

1.2.3　整车控制器的功能及控制电路

1. 整车控制器的功能

在纯电动汽车中,整车控制器除控制汽车正常行驶外,还具有汽车再生制动回馈控制、网络管理、故障诊断与处理及车辆的状态与监视等功能。与各部件控制器的动态控制相比,整车控制器属于管理协调型控制。北汽 EV160 纯电动汽车整车控制器能够实现的功能见表 1-2-1。

表 1-2-1　整车控制器的功能

序　号	功　能
1	驾驶人意图解析
2	驱动控制
3	制动能量回馈控制
4	整车能量优化管理

(续)

序 号	功 能
5	充电过程控制
6	高低压上下电控制：上下电顺序控制、慢充时序、快充时序
7	电动辅助系统管理
8	车辆状态的实时监测和显示
9	故障诊断与处理
10	远程控制
11	整车 CAN 总线网关及网络化管理
12	基于 CPP 的在线匹配标定
13	DC/DC 控制、EPS 控制
14	档位控制
15	防溜车控制
16	远程监控

2. 整车控制器的控制电路

北汽 EV160 纯电动汽车整车控制器控制电路如图 1-2-3 所示。整车控制器下方均为各种输入信号，整车控制器上方均为控制输出信号。

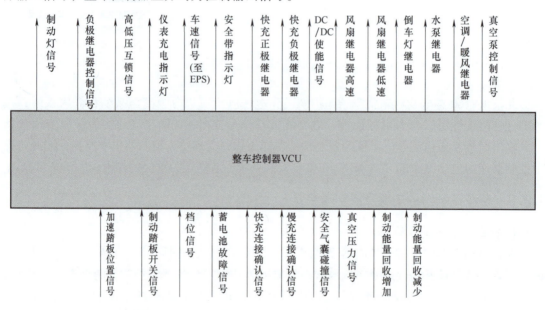

图 1-2-3　北汽 EV160 纯电动汽车整车控制器控制电路

3. 整车控制器控制功能的介绍

（1）驾驶人意图解析　整车控制器根据加速踏板、制动踏板信号，解析驾驶人的驾驶意图（如加速、减速、制动等），即根据控制策略中相关的计算规则，将驾驶人发出的加速踏板信号和制动踏板信号转化为电机的转矩命令并通过新能源 CAN 总线传送给电机控制器。驱动电机对驾驶人操作的响应性完全取决于整车控制器对加速踏板解释的结果，并直接影响驾驶人的控制效果和操作感觉。

（2）驱动控制　整车控制器根据驾驶人对车辆的操纵输入（踏板位置信号和选档开关）、车辆运行状态、行驶路况及环境等信息进行分析和处理，向相关部件控制器发出指令，控制电机的驱动转矩来驱动车辆，以满足驾驶人对车辆的动力性要求。此外，整车控制器还将根据车辆状态进行相应的安全性、舒适性控制。

（3）档位控制　整车控制器将对驾驶人换档意图进行解析，识别车辆合理的档位，并在基于模型开发的档位管理模块中优化换档操作，在保证车辆正常行驶及驾驶人舒适性的同时，实现驾驶人换档意图。此外，还需要在换档故障时进行相应的操作以保证整车安全，并通过显示仪表提醒驾驶人。

（4）充电过程控制　整车控制器接收到充电信号后（如快充或慢充连接确认信号），配合电池管理系统共同进行充电过程中的充电功率控制，禁止高压系统上电，保证车辆在充电状态下处于行驶锁止状态，并根据电池状态信息限制充电功率，以保护电池。

（5）制动能量回馈控制　当车辆进行减速制动时，整车控制器根据当前车辆行驶状态信息和动力电池的状态信息判断是否进行制动能量回馈控制。整车控制器应在满足车辆安全性能、制动性能及驾驶人舒适性的前提下，进行制动能量回馈，回收部分制动能量，进一步提高整车能量利用效率。驾驶人可通过转向盘上的按钮对制动能量回馈程度进行控制。

（6）整车能量优化管理　整车控制器通过对驱动电机系统、电池管理系统及其他车载能源动力系统等的协调和管理，实现整车能量利用效率的提高和续驶里程的延长。

（7）高压上下电控制　纯电动车的起动开关有 OFF、ACC、ON、START 四个状态。

上电顺序：

1）低压上电。当点火钥匙由 OFF 转至 ACC 位时，VCU 低压上电。当点火钥匙由 ACC 转至 ON 位时，BMS、MCU 低压上电。当点火钥匙由 ON 转至 START 位时，仪表显示 READY 灯点亮。

2）高压上电。起动开关置于 ON 位，BMS、MCU 当前状态正常且在之前一次上下电过程中整车无严重故障，如图 1-2-4 所示。

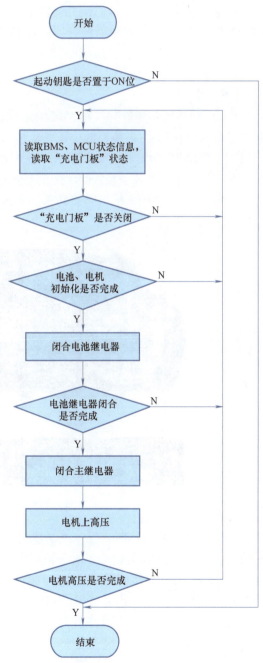

图 1-2-4　高压上电流程

① BMS、MCU 初始化完成，VCU 确认状态。
② 闭合电池继电器。
③ 闭合主继电器。
④ MCU 高压上电。
⑤ 如档位在 N 位，仪表显示 READY 灯点亮。

下电顺序：
① 纯电动汽车下电只需起动开关置于 OFF 位，即可实现高压、低压电的正常下电。起动开关置于 OFF 位，主继电器断开、MCU 低压下电。
② 辅助系统停止工作，包括 DC/DC 变换器、水泵、空调、暖风。
③ BMS 断开电池继电器。
④ 整车控制器下电。

（8）电动辅助系统管理　电动辅助系统包括电动空调、电控制动、电动助力转向等。整车控制器将根据动力电池及低压蓄电池状态，对 DC/DC 变换器和电动辅助系统进行监控。

（9）车辆状态的实时监测和显示　整车控制器将对车辆的运行状态进行实时监测，并通过原车 CAN 总线将各子系统的状态信息传送给车载信息显示系统，包括显示仪表和中控系统。显示仪表和中控系统均能够显示车辆运行状态信息和相关的故障诊断信息。显示仪表如图 1-2-5 所示。

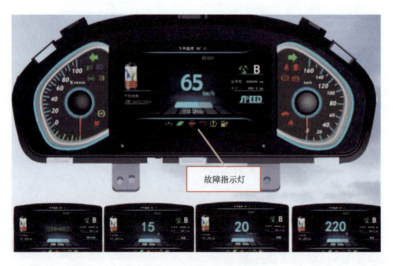

图 1-2-5　显示仪表故障指示

（10）故障诊断与处理　整车控制器根据各传感器信号及其他通过 CAN 总线通信得到的电机、电池、充电机等信息，对车辆产生的各种故障进行判断、等级分类、报警显示，同时存储故障码，供维修时查看。

（11）远程控制　北汽 EV160 纯电动汽车具有便捷的远程控制功能，主要包括远程查询功能、远程空调控制和远程充电控制。用户可以通过手机 APP 进行远程控制。

1）远程查询功能：用户可以通过收集 APP 实时查询车辆状态，包括电池 SOC 值、续驶里程、空调状态和电池温度等，如图 1-2-6 所示。

2）远程空调控制：在夏季或冬季，用户可以在使用车辆前通过手机 APP 实现车辆空调系统远程控制，包括空调制冷、空调暖风和除霜等功能，如图1-2-7所示。

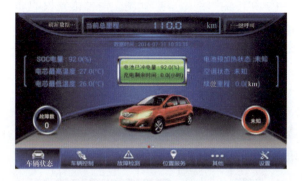

图1-2-6　远程查询功能

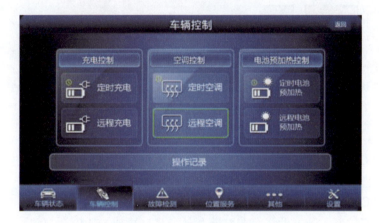

图1-2-7　远程空调控制

3）远程充电控制：用户离开车辆时，将充电枪插入充电桩，可以不立即充电，可以通过远程控制利用电价波谷进行充电操作，如图1-2-8所示。

图1-2-8　远程充电控制

（12）整车 CAN 总线网关及网络化管理　在整车的网络管理中，整车控制器是信息管理的中心，负责信息的组织和传输、网络节点管理、信息优先权的动态分配以及网络故障的诊断与处理等功能，并通过 CAN（EVBUS）线协调电池管理系统、电机控制器、空调系统等模块相互通信，如图 1-2-9 所示。

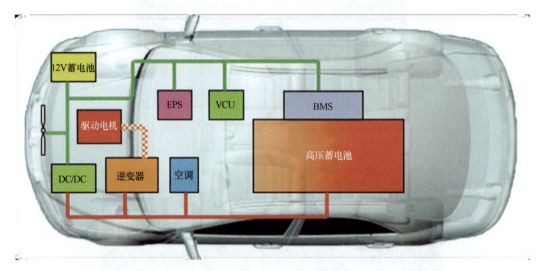

图 1-2-9　CAN 总线通信

（13）基于 CPP 的在线匹配标定　整车控制器能够在线监控和调整控制参数（包括 MAP、曲线及点参数等），并完成保存标定数据结果及处理离线数据等功能。完整的标定系统包括上位机 PC 标定程序、PC 与 ECU 通信硬件连接及 ECU 标定驱动程序三部分。

（14）防溜车控制　纯电动汽车在坡道上起步时，驾驶人从松开制动踏板到踩下加速踏板的过程中，会出现整车向后溜车的现象；在坡道行驶过程中，如果驾驶人踩下的加速踏板深度不够，则车辆会出现车速逐渐下降到 0 后，再溜车的现象。

为了防止车辆在坡道上溜车的现象，整车控制器中增加了防溜车功能。这一功能可以保证车辆在坡道上起步时，向后溜车距离小于 10cm，在坡道上运行过程中，如果动力不足导致车速下降到 0，则车辆将保持静止，不再向后溜车。

1.2.4　整车控制策略介绍

整车控制策略是指整车控制器根据车辆各部件运行状态及车辆的运行工况，充分协调和发挥各部件特性，完成车辆驱动要求，协调整车功能，并进行整车状态监测和故障管理。下面结合北汽 EV160 纯电动汽车整车控制器的功能，从整车状态获取、整车驱动控制、整车故障管理等方面介绍整车控制策略。

1. 整车状态获取

整车状态获取的方式主要有：通过车速传感器、档位信号传感器等检测整车的运行状态；通过 CAN 总线获得电池管理系统、电机驱动系统等状态信息。

北汽EV160纯电动汽车整车状态的相关内容主要有：起动开关状态（LOCK、ACC、ON、START）、充电监控状态（充电唤醒、连接状态、快/慢充门板开关信号）、档位状态（P、R、N、D、E）、加速踏板位置、制动踏板状态（踩制动、未制动）、电池管理系统状态（继电器状态、电压、电流等）、电机控制器状态（工作模式、转速、转矩等）、组合仪表状态、ABS防抱死系统状态等。

北汽EV160纯电动汽车整车工作模式主要有充电模式和行驶模式两种。充电模式根据充电唤醒信号及快/慢充充电门板信号进行判断；行驶模式下起动开关位于ON位，且无充电唤醒信号和充电门板信号。整车控制器由低压唤醒后，将进行周期性的整车工作模式判断，其中充电模式将优先于行驶模式，即充电模式不能够切换到行驶模式，而行驶模式可以切换到充电模式。当车辆起动开关位于ON位时充电，关闭充电口后，车辆不能正常高压上电，此时需要驾驶人将起动开关置于非ON位，然后在再次置于ON位，方可高压上电；车辆工作在行驶模式下，当检测到有充电需求时，整车控制器将先执行高压下电，然后再进行正常充电流程。正常充电流程和整车上电流程如下：

（1）正常充电流程

1）当车辆插入充电枪时，整车控制器检测到充电门板信号，判断进入充电模式，仪表充电连接指示灯点亮。

2）充电唤醒信号进入整车控制器、电池管理系统、仪表等，仪表充电连接指示灯开始闪烁。

3）进入充电模式后，整车控制器置位允许充电指令。

4）电池管理系统与充电机/充电桩建立充电连接，开始充电。

进入充电过程后，整车控制器将不再直接参与充电控制，而是实时监控充电过程，并对异常情况进行紧急充电停止操作，以及部分信息的仪表显示、监控平台信息上传。

（2）整车上电流程

1）低压上电。起动开关置于ON位，整车控制器、电池管理系统、电机控制器等所有控制部件的低压系统上电并进行初始化。

2）高压上电。起动开关置于ON位后，在各控制部件当前状态正常且整车不满足充电条件的情况下，开始执行高压上电。电池管理系统及电机控制器完成初始化后，整车控制器检测电池管理系统反馈的电池正/负继电器状态，若继电器处于断开状态，则整车控制器先执行闭合高压主继电器，然后执行闭合其他高压系统继电器（如空调系统高压继电器），同时向电池管理系统发出上电指令，进行预充电操作，然后整车控制器实时检测档位是否位于N位，且上电过程中驾驶人是否有将起动开关置于START位的操作，同时控制显示仪表READY灯点亮，水泵、DC/DC变换器等部件开始正常工作。

2. 整车驱动控制

整车驱动控制即转矩控制，其核心内容包括工况判断、需求转矩计算和转矩输出等。工况判断主要是根据当前整车状态信息（如加速/制动踏板位置、当前车速及整车故障信息等）来判断当前需要的整车驾驶需求。由于加速/制动踏板信号受驾驶人操控，因此工况判断也包含了驾驶人意图的解析。

北汽EV160纯电动汽车运行工况主要划分为紧急故障工况、怠速工况、加速工况、能量回收工况、零转矩工况和跛行工况等，在不同工况下车辆运行的转矩需求不同。当判断出车辆运行工况后，整车控制器将根据工况，并结合动力电池系统及驱动电机系统计算出当前车辆需求的转矩。一般情况下，紧急故障工况下车辆为零转矩需求，并需要切断高压电；怠速工况目标车速为7km/h，转矩需求也为零；加速工况的转矩需求根据加速踏板位置及车速等进行确定；能量回收工况下主电机反拖制动产生负转矩；跛行工况下将对电机输出功率及车速进行限制。整车控制器完成车辆需求转矩计算后，根据当前车辆的转矩输出能力，以及当前整车状态参数，最终计算出需要输出的转矩，然后控制驱动电机系统进行驱动力输出，实现整车的驱动控制。

3. 整车故障管理

对于车辆故障的处理，北汽EV160纯电动汽车整车控制器采用了综合判断、分级处理的方式。整车控制器根据驱动电机、动力电池、DC/DC变换器等部件故障、整车CAN网络故障及整车控制器硬件故障进行综合判断，确定整车故障等级，按照等级进行相应的控制处理。北汽EV160纯电动汽车对整车的故障等级进行了四级划分，见表1-2-2所示。

表1-2-2 整车故障等级

等级	名称	故障后处理	故 障 列 表
一级	致命故障	紧急断开高压	MCU直流母线过电压故障、BMS一级故障
二级	严重故障	零转矩	MCU相电流过电流、IGBT、旋变等故障；电机节点丢失故障；档位信号故障
三级	一般故障	跛行	加速踏板位置信号故障
		降功率	电机超速故障
		限功率<7kW	跛行故障、SOC<1%、BMS单体欠电压、内部通信、硬件等二级故障
		限速<15km/h	低压欠电压故障、制动系统故障
四级	轻微故障	仪表显示（维修提示）能量回收故障，仅停止能量回收	MCU电机系统温度传感器、直流欠电压故障；VCU硬件、DC/DC变换器异常等故障

1.2.5 整车控制器的更换

整车控制器故障时，通常采用的维修方法是进行拆卸和更换。拆下的故障控制器将送回控制器生产商进行维修。下面以北汽EV160纯电动汽车为例，介绍整车控制器更换实践操作的注意事项和工作流程。

1. 安全提示

在进行整车控制器更换时，应注意安全操作问题。由于整车控制器由低压供电系统进行供电，因此首先需要拆下低压蓄电池负极连接线束，并进行可靠搭铁；虽然整车控制器独立于整车高压系统，但为了避免误操作导致的高压触电，需要确保整车无绝缘故障。因此整车控制器的更换操作应在低压下电及无绝缘故障前提下进行。

2. 控制器的更换

北汽 EV160 纯电动汽车的整车控制器由四个紧固螺栓固定于前机舱内部靠近驾驶室的位置，如图 1-2-10 所示，整车控制器上部有两个插接件，用于控制器供电、输入输出信号及与其他部件控制器进行通信。

图 1-2-10　整车控制器在实车上的位置

整车控制器的更换步骤如下：

1）打开车门，安装三件套：转向盘套、座椅套、脚垫，如图 1-2-11 所示。
2）确保起动开关关闭，拉动前机舱盖拉手。
3）打开前机舱盖，安装翼子板布、前格栅布，如图 1-2-12 所示。

图 1-2-11　安装三件套　　　　　　图 1-2-12　安装翼子板布与前格栅布

4）取下蓄电池负极，可靠搭铁。
5）拔下整车控制器插接器插头，如图 1-2-13 所示。

图 1-2-13　拔下整车控制器插接件

6）拆下整车控制器4个固定螺栓。

7）取下整车控制器。

8）更换新的整车控制器。

9）安装整车控制器4个固定螺栓。

10）安装整车控制器连接插头。

11）安装蓄电池负极。

12）取下翼子板布，格栅布。

13）关闭前机舱盖。

14）取下三件套。

完成整车控制器更换后，新的整车控制器需要与原车进行控制匹配和标定。对于不同车型，匹配的方式有所不同：有的车型需要厂家或维修店专业人员进行手动匹配和标定；而有的车型自身就能够进行自适应匹配和标定。

单元小结

1. 整车控制器通过CAN总线与相关部件控制器交换信息并对当前车辆运行状态进行管理、调度。

2. 北汽EV160纯电动汽车整车结构按照工作电压强度可以分为高压系统和低压系统；按照部件连接特性可以分为机械连接、电气连接及信号连接；按类型又可将信号分为输入信号、输出信号及通信信号。

3. 整车控制器功能主要有：接收、处理驾驶人的驾驶操作指令，并向各个部件控制器发送控制指令，使车辆按驾驶人期望行驶；通过CAN总线与子系统进行通信；接收处理各个零部件信息；系统故障的判断和存储；对整车进行分级保护；协调管理车上其他电气设备。

4. 在进行整车控制器更换时，首先需要拆下低压蓄电池负极连接线束，并进行可靠搭铁和确保整车无绝缘故障。

任务工单1.2

任务名称	整车控制器的检查与更换	学时	4	班级	
学生姓名		学生学号		任务成绩	
实训设备	北汽 EV160 纯电动汽车 4 辆、拆装工具 4 套、车辆维修资料 4 份、车辆防护套装 4 套	实训场地	理实一体化教室	日期	
实训任务描述	假如你是北汽新能源 4S 店的一名车辆维修人员,某待维修的车辆经检测后,被指出整车控制器故障,请正确规范地更换整车控制器				
任务目的	以行动为导向,引导学生制订计划,按照流程进行整车控制器的更换				

一、资讯

1. 北汽 EV160 纯电动汽车整车结构按照工作电压强度可以分为_____和_____。
2. 北汽 EV160 纯电动汽车整车结构按照部件连接特性可以分为_____、_____及_____。
3. 北汽 EV160 纯电动汽车的连接信号按信号类型可分为_____、_____及_____。
4. 整车控制器进行驾驶人意图解析时主要依据的驾驶人操作信号有_____、_____及_____。
5. 整车控制器的驱动控制功能的实现主要依靠的执行器有_____、_____。
6. 整车能量优化管理的目的是_____、_____。
7. 高压上下电控制的主要内容有_____和_____。
8. 故障诊断与处理功能的主要内容有_____、_____及_____等。
9. 北汽 EV160 纯电动汽车能够实现的远程控制功能有_____、_____和_____。
10. 简述整车控制器的管理协调控制功能。

_____
_____
_____
_____
_____
_____
_____

二、计划与决策

请根据实训任务要求,确定实践操作所需要的资料及用具,小组成员通过分工合作完成实训任务。

1. 需要的资料及用具

2. 小组成员分工

3. 实践操作流程设计

三、实施
1. 当汽车的整车控制器发生故障，一般采取的维修方式为：_____。
2. 安全注意事项
   1）_____。
   2）_____。
3. 北汽 EV160 纯电动汽车的整车控制器安装位置是_____。
4. 整车控制器更换流程：
   1）打开车门，安装三件套。
   2）确保起动开关处于_____状态，拉动前机舱盖拉手。
   3）打开前机舱盖，安装翼子板布、前格栅布。
   4）取下蓄电池_____极，并可靠_____。
   5）拔下整车控制器_____插头。
   6）拆下整车控制器_____个固定螺栓。
   7）取下整车控制器。
   8）更换新的整车控制器。
   9）安装整车控制器_____个固定螺栓。
   10）安装整车控制器连接插头。
   11）安装蓄电池_____极。
   12）取下翼子板布、格栅布。
   13）关闭前机舱盖。
   14）取下三件套。
5. 整车控制器与车辆匹配标定方式通常有哪两种？
   _____

四、检查
完成操作后，对自己的操作过程做如下检查：
1. 是否按照计划的流程进行操作：_____。
2. 是否注意安全操作：_____。
3. 是否顺利完成控制器更换操作：_____。
4. 场地及设备是否恢复：_____。

五、评估
1. 请根据自己任务完成的情况，对自己的工作进行自我评估，并提出改进意见。
   1）_____。
   2）_____。
2. 工单成绩（总分为自我评价、组长评价和教师评价得分值的平均值）

自我评价	组长评价	教师评价	总分

学习情境 2

整车控制系统工作模式的测试

🡆 学习目标

素质目标：
1. 能通过与客户交流和查阅相关维修技术资料获取车辆信息。
2. 能独立制订工作计划并按计划实施。
3. 能正确遵守个人和车间安全作业要求，注重个人安全防护。
4. 能正确检查工作质量并进行自我评估。
5. 能具有自我反思、自我审视能力。
6. 能在维修作业中养成节约耗材的良好习惯。
7. 能严格按照维修规范作业，确保车辆维修质量和运行安全。

能力目标：
1. 能正确进行车辆静态测试。
2. 能正确进行车辆运行状态测试。
3. 能正确进行车辆制动能量回收功能测试。
4. 能正确进行车辆保护功能测试。

知识目标：
1. 了解静态测试、运行状态测试、保护功能测试的目的。
2. 熟悉静态测试、运行状态测试、保护功能测试的方法。
3. 掌握静态测试、运行状态测试、保护功能测试的内容。
4. 了解制动能量回收的意义。
5. 熟悉典型车辆制动能量回收控制的工作过程。
6. 掌握制动能量回收的控制原理。

学习单元2.1 车辆静态测试

假如你是北汽新能源4S店的一名车辆维修人员,某待维修的车辆无法正常上电,仪表盘上READY灯未点亮,请对此故障进行排查和修复。

1. 能通过与客户交流和查阅相关维修技术资料获取车辆信息。
2. 能独立制订工作计划并按计划实施。
3. 能向客户介绍静态测试的目的和内容。
4. 能正确地进行仪表盘指示功能测试。
5. 能正确地进行中控娱乐信息系统功能测试。
6. 能正确地进行辅助用电设备功能测试。
7. 能遵守个人和车间安全作业要求,注重个人安全防护。
8. 能正确地检查工作结果并进行自我评估。

2.1.1 静态测试的目的

车辆静态测试是指车辆在静止状态上电后对相关用电设备进行的功能测试,以检查用电设备及相应控制按钮能否正常工作。通过静态测试,能够了解整车上电功能及整车控制器的部分功能是否正常。显示仪表、空调系统等子系统的正常工作是车辆运行安全性和舒适性等的重要保证。

2.1.2 静态测试的内容

车辆静态测试的内容一般包括上电测试和下电测试两部分。上电测试主要是指起动开关位于ACC和ON位时,对整车控制器相应的控制部件功能进行测试;下电测试一般是上电测试时检测出故障后,将起动开关置于LOCK位,对相应故障点进行线路检测。由于整车高压部件及线束可能有残余电能存在,在进行下电测试时,需要注意进行绝缘防护。下面以北汽EV160纯电动汽车为例,介绍车辆静态测试的具体内容。

在北汽EV160纯电动汽车上,起动开关有LOCK、ACC、ON及START四个档位。当起动开关位于LOCK位时,汽车转向盘锁止,整车处于下电状态;当起动开关位于ACC位时,转向盘解锁,个别电器和附件可用(如中控、电动车窗等);当起动开关位于ON位时,车辆空调可用,所有仪表、警告灯、电路可用,高压系统上电,进入行车准备;起动开关的START位为车辆起动信号,在北汽EV160纯电动汽车上没有用途。

将起动开关置于 ON 位,可进行车辆的静态上电测试。在进行车辆静态上电测试时,注意换档旋钮应置于 P 或 N 位,并维持驻车制动拉起。起动开关置于 ON 位后,整车电气系统完成上电,当显示仪表盘 READY 灯点亮时,说明车辆上电正常。纯电动汽车静态测试的内容主要包括仪表盘指示功能测试、中控信息娱乐系统功能测试及其他辅助用电设备功能测试。

1. 仪表盘指示功能测试

北汽 EV160 纯电动汽车的仪表盘及各指示灯如图 2-1-1 所示。

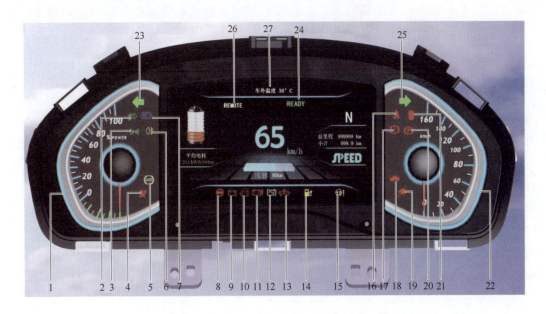

图 2-1-1　显示仪表盘

1—驱动电机功率表　2—前雾灯　3—示廓灯　4—安全气囊指示灯　5—ABS 指示灯　6—后雾灯　7—远光灯
8—跛行指示灯　9—蓄电池故障指示灯　10—电机及控制器过热指示灯　11—动力电池故障指示灯
12—动力电池断开指示灯　13—系统故障灯　14—充电提醒灯　15—EPS 故障指示灯
16—安全带未系指示灯　17—制动系统故障指示灯　18—防盗指示灯　19—充电线连接指示灯
20—驻车制动指示灯　21—门开指示灯　22—车速表　23/25—左/右转向指示灯
24—READY 指示灯　26—REMOTE 指示灯　27—室外温度提示

车辆仪表盘的主要作用是为驾驶人提供车辆状态信息及车辆故障信息。车辆状态信息主要包括整车动力系统状态,如:动力电池剩余电量、车辆续驶里程等;车辆行驶状态,如:档位信号、车速、车辆灯光系统工作情况等。车辆故障信息主要包括系统故障灯和部件故障灯等。除上述之外,显示仪表盘还具有驾驶人提示功能,不仅能以指示灯的形式进行提示,如充电提醒灯、室外温度提示灯、安全带未系指示灯等,还能够在必要的时候进行声音报警和文字报警提示。各指示灯具体功能见表 2-1-1。

表 2-1-1 中不仅给出各指示灯的功能,还指出了各指示灯的工作条件及指示灯在不同状态时所表示的含义。例如:当车辆档位正常时,档位指示图标常亮,而档位故障时,图标则会闪烁;系统故障灯呈红色时表示一级故障,呈黄色时表示二级故障。显示仪表盘给出的信息不仅用来提示驾驶人正确操纵车辆,还可以用来进行车辆故障的初步判断。

表 2-1-1　仪表盘指示灯功能

序号	名称	显示位置	符号	显示文字	点亮条件	建议处理方式
1	安全带未系指示灯	表盘		请系安全带	当车辆处于 ON 状态，驾驶人安全带未系或乘客安全带未系且乘客座有人或重物时	请系好安全带
2	安全气囊指示灯	表盘		—	当车辆处于 ON 状态且安全气囊发生故障时	请检查安全气囊模块
3	车身防盗指示灯	表盘		—	车身防盗开启后	—
4	蓄电池报警灯	显示屏		蓄电池故障	蓄电池电压高/低故障或 DC/DC 故障	—
5	门开预警指示灯	表盘		—	驾座门/乘客门/行李箱任意门开时	—
6	ABS 指示灯	表盘		—	车辆 ABS 系统发生故障时	—
7	前雾灯	表盘		—	前雾灯打开	—
8	后雾灯	表盘		—	后雾灯打开	—
9	前照灯远光	表盘		—	远光灯打开	—
10	左转向	表盘		—	左转向打开	—
11	右转向	表盘		—	右转向打开	—
12	EBD 指示灯 制动液位指示灯	表盘		EBD 故障 请添加制动液	车辆 EBD 系统发生故障 车辆制动液液位低	— 添加制动液
13	制动系统故障指示灯	—	—	制动系统故障	车辆制动系统发生故障时	—
14	驻车制动指示灯	表盘		—	驻车制动拉起时	—

（续）

序号	名称	显示位置	符号	显示文字	点亮条件	建议处理方式
15	充电提醒灯	显示屏		请尽快进行充电	充电提醒：电量小于30%时指示灯点亮；在电量少于5%时，提示"请尽快充电"	—
16	系统故障	显示屏		—	仪表与整车失去通信时，指示灯持续闪烁；车辆出现一级故障时，指示灯持续点亮	—
					车辆出现二故障时，指示灯持续点亮	
17	充电提醒灯	表盘		请连接充电枪	充电枪线缆接触不好时，显示"请连接充电枪"	—
18	READY指示灯	显示屏	READY	—	车辆准备就绪时	—
19	跛行指示灯	显示屏		车辆进入跛行状态	加速踏板故障时	—
20	EPS故障指示灯	显示屏		EPS系统故障	EPS系统发生故障时	—
21	档位故障	显示屏	N	—	档位故障触发后，当前档位持续闪烁	—
22	电机冷却液温度过高	显示屏		电机冷却液温度过高	当电机或电机控制器温度过高而引起冷却液温度过高时	—
23	电机转速过高	文字提示区域	—	电机转速过高	当电机转速过高时	—
24	请尽快离开车内	文字提示区域	—	请尽快离开车内	当遇到电池严重故障时	—
25	动力电池断开	显示屏		—	当车辆动力电池断开时	—
26	动力电池故障	显示屏		动力电池故障	当车辆动力电池发生故障时	—
27	示廓灯	表盘		—	当示廓灯打开时	—
28	绝缘故障	文字提示区域	—	绝缘故障	当车辆发生绝缘系统故障时	—
29	驱动电机系统故障	文字提示区域	—	驱动电机系统故障	当车辆驱动电机发生故障时	—
30	车身控制模块故障	文字提示区域	—	车身控制模块故障	当车辆车身控制模块发生故障时	—

北汽 EV160 纯电动汽车的仪表盘下方设置了两个按钮（左 A、右 B），能够对显示屏幕进行切换，以显示更多的车辆信息。按钮的具体功能见表 2-1-2 和表 2-1-3。

表 2-1-2 按钮 A 功能表

当前显示模式	开关按住时间	开关放开后显示模式
平均电耗	$t<2s$	保养里程
保养里程	$t<2s$	平均电耗
	$t>10s$	保养里程复位至 10000km

表 2-1-3 按钮 B 功能表

当前显示模式	开关按住时间	开关放开后显示模式
车速	$t<2s$	数字电压值
数字电压值	$t<2s$	数字电流值
数字电流值	$t<2s$	数字转速值
数字转速值	$t<2s$	瞬时电耗
瞬时电耗	$t<2s$	车速
任意模式	$t>3s$	小计清零
充电模式	——	车辆充电信息

在进行车辆静态测试时，可以通过调节按钮 A、B 对车辆状态信息进行进一步查看。

2. 中控信息娱乐系统功能测试

北汽 EV160 纯电动汽车的中控信息娱乐系统能够为驾驶人提供更丰富的车辆状态信息，并带有方便实用的功能，如蓝牙、导航等。北汽 EV160 纯电动汽车采用了搭载 WinCE 操作系统的数码设备作为中控信息娱乐系统，该设备由一个 800×480 的电阻式单点触摸屏、多个触摸式按键和多种扩充接口（USB、AUX、SD）组成，如图 2-1-2 所示。

中控信息娱乐系统的开关具有三个状态：关机、开机和待机。系统由蓄电池进行供电，只有当起动开关置于 ON 位后才能正常开关机和运行。在关机状态下，短按电源键即可开启系统；在开机状态下，短按电源键，可使系统进入待机状态，而长按电源键，可以进行关机；在待机状态下，短按电源键可以唤醒系统。

中控信息娱乐系统的主要功能有收音机功能、蓝牙功能、机屏互联功能及能量流指示功能，分别如图 2-1-3、图 2-1-4 和图 2-1-5 所示。

机屏互联是指利用 HDMI 技术及 MHL 接口实现手机与屏幕的通信，HDMI 是一种数字化视频/音频接口技术，适合影像传输的专用型数字化接口，能够同时传送视频和音频信号；MHL 是一种连接便携式消费电子装置的影音标准接口，它运用现有的 Micro USB 接口，实现手机输出的 MHL 信号到 HDMI 信号的转换，同时支持为手机充电。

能量流指示功能能够形象地呈现整车运行过程中能量的传递路径，并实时显示车辆状

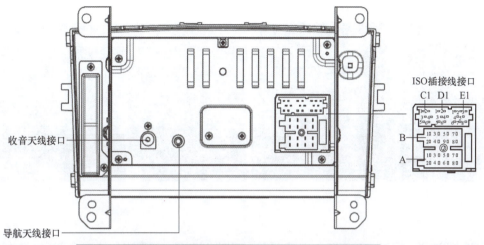

孔位	功能	孔位	功能	孔位	功能
A1	车速信号	B1	后右扬声器+	C1	CAN屏蔽
A2	倒车信号	B2	后右扬声器—	C2	CAN总线低
A3	—	B3	前右扬声器+	C3	CAN总线高
A4	点火线	B4	前右扬声器—	C5	CAN地
A5	收音有源天线	B5	前左扬声器+	D3	倒车视频信号地
A6	面板照明线	B6	前左扬声器—	D4	转向盘信号地
A7	电池正极	B7	后左扬声器+	D5	倒车视频信号
A8	电池地	B8	后左扬声器—	D6	转向盘信号

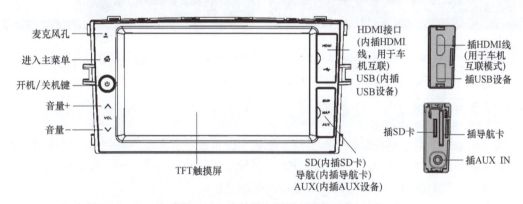

图 2-1-2 中控信息娱乐系统的结构

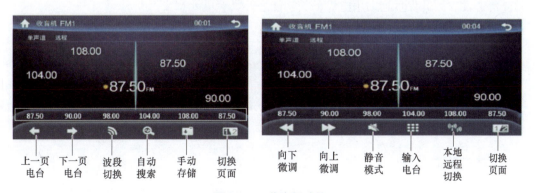

图 2-1-3 收音机功能

37

图 2-1-4 蓝牙功能

图 2-1-5 机屏互联功能

态。当车辆出现不同程度的故障时,能够直观的提醒驾驶人,并给出合适的处理意见,如图 2-1-6 所示。

3. 辅助用电设备功能测试

辅助用电设备主要包括车辆照明系统、车辆空调系统、刮水器、点烟器、电动车窗等其他设备。辅助用电设备多受控于车身控制器和其他子系统控制器,如空调控制器,这些控制器通过与整车控制器的通信,协调完成相应的控制功能。

辅助用电设备虽然与车辆动力性能的好坏无太大联系,但直接关系着车辆驾驶人的安全和驾驶舒适性,因此保证辅助用电设备的功能完好具有重要意义。

4. 下电测试

车辆的下电测试主要是对上电静态测试中检测到的故障,在下电的情况下进行故障原因排查。在纯电动汽车的整车控制系统中,出现的故障除极个别的机械故障外,大多是电气故障,因此在进行故障排查时,需要进行的工作主要有下电情况下的电路通断的测试和上电情况下控制信号的测试。此外,还可以在上电情况下通过电动汽车专用检测仪进行故障检测。

2.1.3 静态测试方法

在整车静态上电正常的情况下,进行相应功能的测试。仪表盘指示功能主要通过显示信号对应的操作进行。对于照明系统的显示,可以通过操作相应的照明开关来进行。中控信息

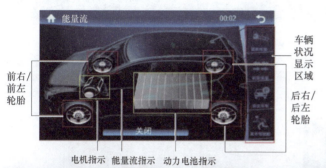

图 2-1-6 能量流指示功能

娱乐系统功能的测试则是通过相关的按钮来实现娱乐功能和信息查看等。辅助用电设备功能的测试主要通过操纵相应开关来观察执行器功能完成的效果来评价，如对于车辆照明系统，应确保车辆远近光灯、雾灯、示廓灯、制动灯及车内的内饰灯光照强度及闪烁频率正常；车辆空调系统应保证空调制冷、采暖、通风换气等功能的正常，空调压缩机无异响；对于刮水器相关装置，需要测试刮水器动作是否连续，起停位置是否准确以及清洗装置功能是否完好，必要时应调整清洗剂喷嘴位置；测试电动车窗及电动天窗能否正常开启和关闭，并注意其极限位置是否正常。

2.1.4 Prius HMI（人·机·界面）介绍

HMI（人·机·界面）是现代汽车开发中关乎安全性的重要项目，丰田 Prius HMI 主要包括中心仪表、风窗玻璃影像显示及触摸屏。

1. 中心仪表

如图 2-1-7 所示，中心仪表作为丰田 Prius 的传统设计，是 Prius HMI 技术的基础。中心仪表能够整理大量信息，并简洁地呈现出来，以减少驾驶人的视线移动，提高视认性。中心仪表采用高亮度荧光显示管，其速度表为反射式。当起动开关置于 ON 位时，中心仪表能够 3.5s 开启画面。第三代普锐斯的中心仪表融入了最新的 HMI 技术，将能量监视器作为环保监视器收装在中心仪表的多信息显示器内。

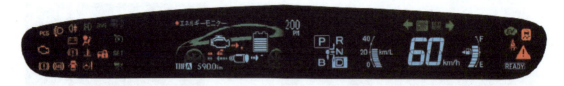

图 2-1-7　丰田普锐斯中心仪表

驾驶人还能通过能量监视器观测车辆行驶过程中能量变换的情况，如图 2-1-8 所示。

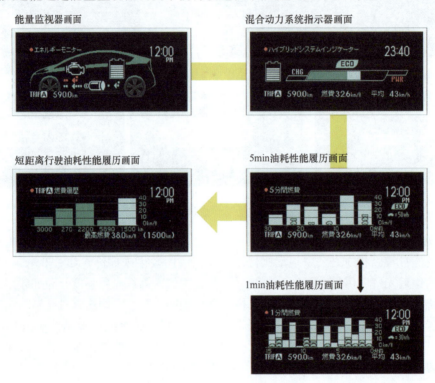

图 2-1-8　能量监视器能量变换画面

2. 风窗玻璃影像显示（HUD）

丰田 Prius 采用了风窗玻璃影像显示（HUD）技术，其原理是通过风窗玻璃与 HUD 单元内的高亮度荧光管的图像在反射镜上反射两次，把 HUD 单元的画面投影在驾驶人前方约 2m 的位置，最小限度的减少驾驶人的视线移动。

风窗玻璃影像显示在开启状态下，能够进行车速、混合动力系统指示器 + 车速的切换，且在按下 NAVI 开关后，能够以简易的箭头符号显示道路指引导航信息，如图 2-1-9 所示。

3. 触摸屏

丰田 Prius HMI 触摸屏的触摸位置位于转向盘开关上，驾驶人对于开关的操作状况能够出现在中心仪表内。该技术使得驾驶人在驾驶车辆的过程中，视线不用落到转向盘开关上即可实现相应的操作。驾驶人通过转向盘开关能够进行的操作有：音响操作，包括音量调节、

图 2-1-9　风窗玻璃影像显示

选台、选取、波段选择等；短距离里程表切换/复位、DISP（经济节能驾驶监视显示切换）、空调温度、内外气切换等，如图 2-1-10 所示。

图 2-1-10　丰田普锐斯触摸屏

2.1.5　中控信息娱乐系统常见故障和检修方法

中控信息娱乐系统故障包括：一般故障和蓝牙故障。

1. 一般故障

常见一般故障产生的原因和解决方法见表 2-1-4。

表 2-1-4　中控信息娱乐系统一般故障表

故障现象	故障原因	排除方法
不能开机	熔丝损坏	更换熔丝
	蓄电池电压过低	给蓄电池充电
	中控台故障	更换中控台

(续)

故障现象	故障原因	排除方法
声音小	中控台或连接设备音量调的太小	增加中控台或设备音量
	声道平衡靠近一边	调整声道平衡
收音效果差	天线插座或天线电缆连接异常	检查天线插座和天线电缆连接
	天线未正常展开	检查天线是否正常展开
	天线放大器损坏	更换天线
	电台信号弱	移动到障碍物少的地方再进行搜台
不能播放 USB 设备或 SD 卡	文件格式不对	检查文件格式
	存储设备连接不正确	检查存储设备连接

当中控台发生不能开机故障时,应首先检查中控台背光是否发亮:若背光亮,则说明中控台存在故障,需要更换中控台;若背光不亮,则应先检查中控台供电是否正常,若供电正常,则更换中控台。

2. 蓝牙故障

常见的蓝牙故障及其产生原因和解决方法见表 2-1-5。

表 2-1-5　中控信息娱乐系统蓝牙故障表

故障现象	故障原因	排除方法
配对或连接错误	配对距离太远或有遮挡物	移到 8m 以内并避开遮挡物再进行连接
	本设备未开启蓝牙	开启蓝牙功能,设置为可见
	已经与其他蓝牙设备连接	断开其他蓝牙设备,重新连接
	手机蓝牙功能故障	维修或更换手机
不能通话、通话时无麦克、不能切换免提或免提无声音	蓝牙已断开	设备会自动重新连接,或手动重连
	设备蓝牙功能损坏	维修蓝牙功能
	手机故障	维修或更换手机

2.1.6　READY 灯未点亮故障检测方法

进行车辆静态测试前,需要确保车辆完成高低压上电,仪表盘 READY 灯点亮。若 READY 等未点亮,则说明整车上电异常。在这种情况下,需要根据仪表盘上的其他显示信息,进行故障原因排查。

(1) 通信故障　检查整车控制器硬件及接口连接情况、CAN 总线网络连接情况。

(2) 充电连接指示灯闪烁/点亮　说明存在充电门板信号、充电系统被唤醒,此时根据整车控制器工作模式的优先级可知,这种状态下,车辆无法行驶。

(3) 动力电池故障灯点亮　说明动力电池系统可能有故障,此时重新起动车辆 ON 档上电后,若该灯仍点亮,则可确认动力电池系统故障,需进一步排查。

(4) 档位显示状态 N 闪烁　说明档位故障,若重新起动后仍闪烁,则需进一步检查电子换档旋钮相关部件。

（5）高压连接指示灯点亮　需检查电池管理系统、电机控制器、整车控制器等相关动力系统硬件。

2.1.7　电动车静态上电异常故障诊断

1. 故障现象

某驾驶人将北汽 EV160 纯电动汽车档位旋钮旋置 D 位后，将起动开关置 ON 位，发现车辆无法正常上电，并观察到仪表盘上的 READY 灯未点亮，档位指示灯显示为 D 位，且档位指示灯不断闪烁，如图 2-1-11 所示。

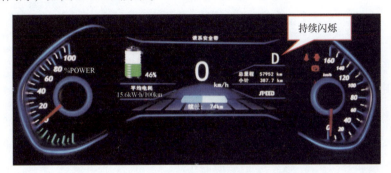

图 2-1-11　北汽 E160 纯电动汽车显示仪表

2. 故障诊断

（1）安全提示　故障诊断仪与车辆和计算机连接时需注意车辆起动开关的状态；试车时注意安全操作。

（2）读取故障码　关闭起动开关，将故障诊断仪一端连接至车辆故障诊断接口，另一端连接至计算机；打开起动开关置于 ON 位，通过故障诊断软件进行快速检测。经检测，发现车辆不存在故障码。

（3）故障排除　通过仪表观察到档位指示灯显示为 D 位，且指示灯不断闪烁，说明故障产生的原因可能是档位信号错误导致此现象，此时应关闭起动开关，检查电子换档旋钮。

（4）故障修复　关闭起动开关，将电子换档旋钮旋至 N 位，重新打开起动开关置于 ON 位，此时发现，仪表盘 READY 灯点亮，档位指示灯显示 N 位，且不再闪烁，说明车辆上电正常。

3. 故障分析

正常上电流程是换档旋钮处于 N 位，之后将起动开关置于 ON 位。如果换档旋钮在 D 位进行上电，为防止车轮移动而产生危险，整车控制器不进行上电控制，同时仪表盘 D 位指示灯闪烁，以提醒驾驶人进行正确上电操作。

1. 车辆静态测试是指车辆在静止状态上电后对相关用电设备进行的功能测试，以检查用电设备及相应控制按钮能否正常工作。

2. 车辆静态测试的内容一般包括上电测试和下电测试两部分。

3. 纯电动汽车静态测试的内容主要包括仪表盘指示功能测试、中控信息娱乐系统功能测试及其他辅助用电设备功能测试。

4. 车辆仪表盘的主要作用是为驾驶人提供车辆状态信息及车辆故障信息；显示仪表盘还具有驾驶人提示功能，不仅能以指示灯的形式进行提示，还能够在必要的时候进行声音报警和文字报警提示。

5. 车辆的下电测试主要是对上电静态测试中检测到的故障，在下电的情况下进行故障原因排查。

任务工单 2.1

任务名称	车辆静态测试		学时	4	班级	
学生姓名			学生学号		任务成绩	
实训设备	北汽 EV160 纯电动汽车 4 台、车辆防护套装 4 套		实训场地	一体化教室	日期	
实训任务描述	假如你是北汽新能源 4S 店的一名销售人员，向客户提交车辆时需要进行车辆的静态测试，请按照规范完成该任务					
任务目的	以行动为导向，引导学生制订计划，按照规范进行车辆静态测试					

一、资讯

1. 车辆静态测试的内容一般包括_____和_____。
2. 北汽 EV160 纯电动汽车的起动开关置于 LOCK 位时，转向盘状态为_____；起动开关置于 ACC 位时，_____；起动开关置于 ON 位时，_____。
3. 起动开关置于 ON 位时，_____灯点亮，说明整车上电正常。
4. 纯电动汽车静态测试内容主要包括_____、_____及_____。
5. 车辆仪表盘的主要作用是为驾驶人提供_____信息及_____信息。
6. 当仪表盘屏幕下方的系统故障灯点亮且呈黄色时，说明_____；当系统故障灯呈红色是说明_____。
7. 当仪表盘屏幕上方的档位指示灯持续闪烁，说明_____。
8. 北汽 EV160 纯电动汽车的中控信息娱乐系统的主要功能有_____、_____、_____。
9. 识别下面故障指示灯。

二、计划与决策

请根据实训任务要求，确定实践操作所需要的资料及用具，小组成员通过分工合作完成实训任务。

1. 需要的资料及用具

2. 小组成员分工

3. 实践操作流程设计

三、实施

按步骤进行下列静态测试：

1. 仪表盘静态测试

1）确保驻车制动拉起，换档旋钮位于 N 位。

2）起动开关置 "ON" 位，观察仪表盘是否显示 "READY"：_____。

3）观察仪表盘是否有故障灯点亮：_____。

4）记录续驶里程：_____；记录剩余电量 SOC：_____；记录平均电耗：_____。

5）踩住制动踏板，换档旋钮旋置 "D" 位，观察仪表盘档位显示情况：_____。

2. 中控信息娱乐系统功能测试

1）测试收音机功能是否正常：_____。

2）测试蓝牙功能是否正常：_____。

3）测试机屏互联功能是否正常：_____。

3. 辅助用电设备功能测试

1）测试空调制冷系统是否工作正常：_____。

2）测试空调暖风系统是否工作正常：_____。

四、检查

完成操作后后，对自己操作过程做如下检查：

1. 是否按照设计的流程完成实践操作：_____。

2. 测试的各项功能否正常：_____。

3. 场地和设备是否恢复：_____。

五、评估

1. 请根据自己任务完成的情况，对自己的工作进行自我评估，并提出改进意见。

1）_____

_____

2）_____

_____

2. 工单成绩（总分为自我评价、组长评价和教师评价得分值的平均值）

自我评价	组长评价	教师评价	总分

学习单元 2.2 车辆运行状态测试

假如你是北汽新能源 4S 店的一名车辆销售人员，某顾客打算采购一辆北汽 EV160 纯电动汽车，询问如果在行驶中误挂入倒档，车辆将会出现什么问题。你能正确进行解释吗？

1. 能通过与客户交流和查阅相关维修技术资料获取车辆信息。
2. 能独立制订工作计划并按计划实施。
3. 能向客户介绍运行状态测试的目的和内容。
4. 能正确地进行车辆行驶功能测试。
5. 能正确地进行车辆换档功能测试。
6. 能正确地进行车辆转向性能测试。
7. 能遵守个人和车间安全作业要求，注重个人安全防护；
8. 能正确地检查工作结果并进行自我评估。

2.2.1 运行状态测试的目的

车辆的运行状态测试主要是对车辆的驾驶性能进行测试，功能完好的车辆应能够较好地实现起停、前进、倒退、换档、转向等操作。车辆的运行状态测试是进行车辆控制系统故障诊断的基础性检查工作之一。

2.2.2 运行状态测试的内容

在整车控制系统中，对车辆的运行状态测试主要是指测试车辆是否能够按照驾驶人意图，完成车辆的换档、行驶、转向等功能的实现。整车控制器的驱动控制策略的核心主要包括工况判断、需求转矩计算、转矩输出等内容，驱动控制如图 2-2-1 所示。

下面具体介绍北汽 EV160 纯电动汽车的运行状态测试内容。

1. 车辆行驶测试

北汽 EV160 纯电动汽车的驱动系统主要由驱动电机系统和主减速器组成。驱动电机是整车控制器的主要执行机构，其特性决定了车辆的主要性能指标，影响车辆动力性、经济性和用户驾乘感受。驱动电机系统输出的动力通过主减速器及半轴传递到车轮上驱动车辆行驶，对于车辆行驶的测试，主要是测试驱动电机系统的功能是否完好。

驱动电机系统主要由电机控制器和驱动电机构成，通过高低压线束、冷却管路与整车其他系统做电气和散热连接，如图 2-2-2 所示。整车控制器根据驾驶人意图对电机控制器发出

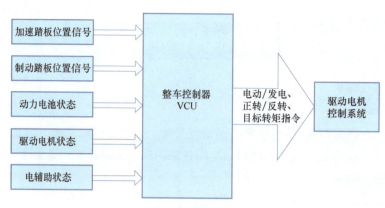

图 2-2-1　整车驱动控制

各种指令，电机控制器响应这些指令，并实时调整驱动电机的输出，以实现整车的怠速、前进、倒车、停车、能量回收及驻坡等功能。此外，电机控制器还实时进行驱动电机系统的状态和故障检测，以保护系统和整车的安全可靠运行。

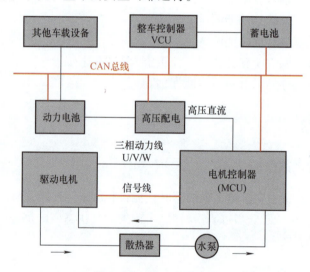

图 2-2-2　驱动电机系统

在北汽 E160 纯电动汽车驱动系统中，采用的驱动电机类型为永磁同步电机，这种电机具有效率高、体积小、重量轻及可靠性高等优点，其内置传感器如旋转变压器、温度传感器等能够提供电机的工作信息，供电机控制器调用；电机控制器采用了三相两电平电压源型逆变器，以 IGBT（绝缘栅双极型晶体管）模块为核心，辅以驱动集成电路、主控集成电路，能够完成对输入信号的处理，并将驱动电机系统运行状态信息通过 CAN 总线传送到整车控制器。电机控制器中还包含故障诊断电路，当诊断出错误时，能够产生相应的错误代码，并传送到整车控制器进行存储，供维修时调用。

在北汽 EV160 纯电动汽车中，驱动电机系统的控制主要包括了车辆驱动控制和系统上下电控制。车辆驱动控制是指整车控制器根据车辆的实际运行情况，即车速、档位、电池 SOC 值等状态信息，来决定主驱动电机的输出转矩/功率。当电机控制器接收到整车控制器发出的转矩输出指令后，就将动力电池提供的直流电转化成三相交流电，驱动电机输出转矩，为车辆提供动力。北汽 EV160 纯电动汽车驱动电机系统的上下电控制逻辑图如图 2-2-3 所示。

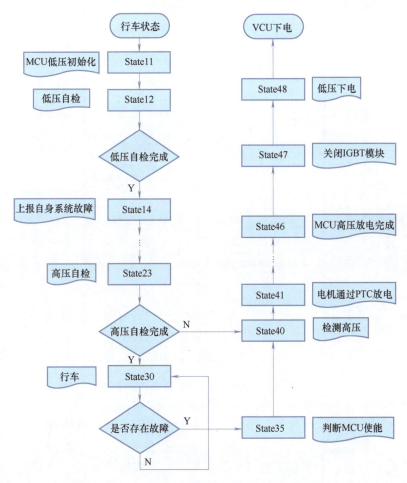

图 2-2-3　驱动电机系统的上下电控制逻辑图

该系统采用了基于整车 State 机制的控制策略，通过约束 MCU（电机控制器）在整车上下电过程的各 State 中的应该执行的动作、需要实现的逻辑功能和允许/禁止诊断功能等，来进行驱动电机上下电控制。由图 2-2-3 可以看出，驱动电机系统上下电控制主要包括了低压上下电、低压自检、高压上下电、高压自检、故障诊断与上报等内容。驱动电机高压上电、下电流程如图 2-2-4、图 2-2-5 所示。

2. 车辆换档测试

车辆换档测试主要是检测换档机构能否将驾驶人的换档意图正确解读，以及能够将换档信号传递至整车控制器。北汽 EV160 纯电动汽车采用了旋钮式电子换档机构，如图 2-2-6 所示。该机构设置了四个档位，分别为：R 位（倒车档）、N 位（空档）、D 位（前进档）、E 位（前进档经济模式）。

车辆运行于 D 位或 E 位时，能够在滑行或减速制动时进行制动能量回收；E 位下，驾驶人可以通过换档面板上的"E +""E -"按键进行制动能量回收强度的调节。由于制动能量回收强度直接影响了整车运行效率和经济性能，故 E 位被称作经济档位。

电子换档机构的正常工作电压为 9～16V，其档位指示部分采用半透明 PC 材料，表面喷

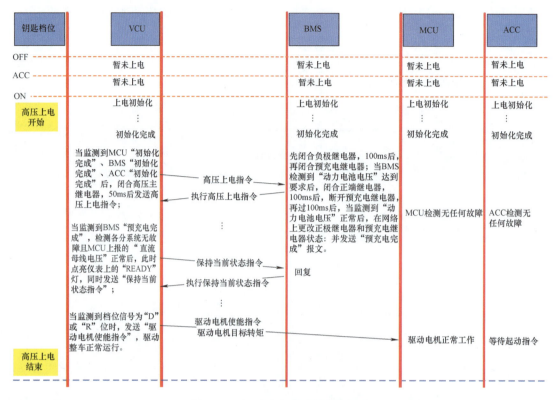

图 2-2-4 驱动电机高压上电流程图

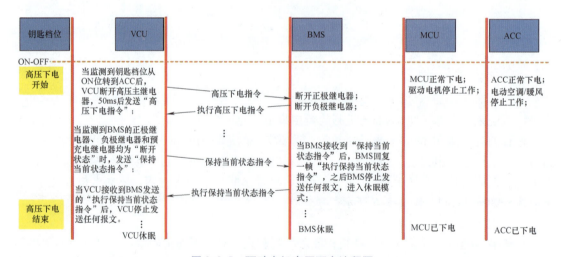

图 2-2-5 驱动电机高压下电流程图

涂钢琴漆，当控制器不工作时，无档位显示，而控制器工作后指示灯部位将进行档位显示，蓝色为当前档位，白色为未选中档位。

在旋钮式电子换档机构中，各个档位在换档器上的位置角度相差35°。换档过程中此角度由旋钮轨道来实现，如图 2-2-7 所示。在正常工作状态在下，R/N/D/E 四个档位可以进行自由切换，同时仪表盘将显示对应档位的字母。

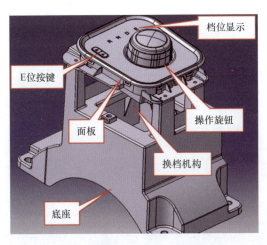

图 2-2-6 电子换档旋钮结构图

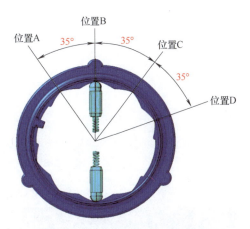

图 2-2-7 电子换档旋钮旋转角度

3. 车辆转向性能测试

车辆转向能力直接关系车辆的行驶性能，功能完好的车辆应能够按照驾驶人意图完成车辆在行驶过程中的转向动作。北汽 EV160 纯电动汽车采用了电动助力转向系统（EPS），低速时转向轻便，高速时转向助力逐渐减小，路感不断增强，同时要求转向盘手感良好。

2.2.3 运行状态测试的方法

1. 车辆行驶测试的方法

车辆的行驶测试主要进行车辆的起步、换档、加减速、停车等功能测试。测试时应注意，不同运行状态下，整车仪表的相应显示是否正常。车辆起步时，观察车辆起步响应是否迅速，车辆起动过程中是否出现抖动异响等情况；车辆行驶过程中，踩下加速踏板，感觉踩下踏板所需力度是否正常，以及车辆加速响应是否迅速，车速提升是否明显；车辆制动时，制动力是否足够，是否出现抖动异响等。

2. 车辆换档测试的方法

在进行车辆换档功能测试时，需要注意以下几点：当选择空档或倒档时，需确保车辆处于静止状态；车辆静止时，要求驾驶人先踩下制动踏板才能换档成功，若未踩下制动踏板，仪表将显示当前换档旋钮的物理档位，并闪烁，以提示驾驶人换档无效，此时驾驶人需要换至空档，然后重新进行换档操作；当选择前进档时，需要在换档前先踩下制动踏板，否则档位选择将被视为无效，仪表将显示当前档位并闪烁，此时整车不响应加速踏板的需求。

车辆换档功能最常见的故障为在进行档位切换时，仪表面板上不显示对应的档位。此时，应拆下仪表面板，在车辆上电正常的状态下，用万用表分别测量插接件上的引脚电压，并与对应接口的标准电压对照。通过比较，判定换档旋钮是否故障，若换档旋钮出现故障，则需拆下旋钮送回厂家进行返修，若无故障，则应检查其他电器元件或线束。

电子旋钮换档器接口芯线插接件型号为 174973-2，其引脚图如图 2-2-8 所示，线束插接件型号为 174045-2，各引脚功能见表 2-2-1。

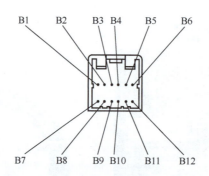

图 2-2-8　电子旋钮换档插接件 174973-2

表 2-2-1　插接件 174973-2 引脚功能

序　号	功能定义	电压/V			电流/mA
		Min	Normal	Max	
B1	电源供电	6.50	12.00	19.00	500.00
B2	相位信号 1	—	4.45/0.28	—	1.00
B3	相位信号 2	—	4.45/0.28	—	1.00
B4	相位信号 3	—	4.45/0.28	—	1.00
B5	相位信号 4	—	4.45/0.28	—	1.00
B6	电源地端	—	—	—	500.00
B7	背光灯电源	0.00	12.00	—	500.00
B8	备用	—	—	—	—
B9	背光灯地端	—	—	—	500.00
B10	转向盘换档拨片接插件脚 1（未采用）	—	—	—	—
B11	转向盘换档拨片接插件脚 2（未采用）	—	—	—	—
B12	备用	—	—	—	—

3. 车辆转向测试的方法

在车辆转向功能测试中，首先应对车辆转向盘功能进行测试，通过检测转向盘左右转向的平顺性及转向盘旋转的极限位置。在转向盘功能完好的情况下，重点测试车辆转向系统的转向助力功能：在车辆静止时，转动转向盘，测试转向盘转动时的阻力是否过大，并观察转向轮转动位置是否合适；在道路试车过程中，低速行驶中转向，检测转向时转向盘是否沉重，转向助力是否足够，转向效果是否能够满足驾驶人意图；将转向盘分别向左右打至极限位置，检测是否有转向盘抖动、转向机异响等故障。

车辆转向测试中，可能出现的故障有转向沉重、车辆直行时侧偏、转向力不平顺等，其对应的故障原因和检修方法见表 2-2-2。

表 2-2-2　车辆转向故障原因及检修方法

故障现象	可能的故障原因	检修方法
转向沉重	插接件未插好	插好插头
	线束接触不良或破损	更换线束
	转向盘安装不正确	正确安装转向盘

(续)

故障现象	可能的故障原因	检修方法
转向沉重	转矩传感器性能不良	更换转矩传感器
	转向器故障	更换转向器
	车速传感器性能不良	更换车速传感器
	主熔丝和线路熔丝烧坏	更换熔丝
	EPS 控制器性能不良	更换控制器
车辆直行时侧偏	转矩传感器性能不良	更换转矩传感器
转向力不平顺	转矩传感器性能不良	更换转矩传感器

2.2.4 纯电动汽车使用注意事项

1. 夏季注意事项

1）雨季行车前应先做好行车前检查,主要检查刮水器、车辆空调除雾功能是否正常。

2）行驶速度尽量不要超过 60km/h,暴雨时尽量不要行驶,若行驶,车速不应超过 20km/h。

3）当雨季行驶时车辆发生故障无法行驶后,应当靠边停车将三脚架摆放,等待救援,严禁自行维修。

4）在泥泞路面行驶时,不要猛踩加速踏板,以免发生侧滑。

5）请勿驶入深水中,以免发生漏电短路事故。

6）当车辆被积水浸泡时,不要考虑继续行驶,应迅速断电并离开车内,尽量不要与车身金属接触,以免发生触电。

7）避免高温充电。因动力电池温度特性,车辆高速行驶后,夏季建议停放 30min 后,在阴凉通风处进行充电。

8）暴雨打雷时尽量不要充电;若车辆在露天或者地势较低的地方充电,下雨后应终止充电,以免积水高度超过充电口发生短路。

9）避免车辆暴晒。建议将车辆停放在阴凉通风处,以防车内温度过高,造成安全隐患。

2. 冬季注意事项

1）纯电动汽车在冬季低温行驶后,建议及时充电,避免因长时间停驶导致动力电池温度低,造成用电浪费和充电延时。

2）车辆充电时,建议将车辆尽量停放于避风朝阳且温度较高的环境存放。

3）充电时预防雪水淋湿充电接口,更不要将充电插头直接暴露在雪水下,防止发生短路。

4）避免因冬季气温较低导致充电异常情况等的出现,建议车辆充电开启后检查车辆充电是否开启。检查充电桩充电电流,若充电电流达到 12A 以上,充电已开启。

3. 车辆起火

车辆行驶中机舱电器起火,主要为电机控制器中故障元件温度失控起火、电线插头接触不良、通电时打火引燃电线绝缘层破损及动力电池内部故障起火。当出现车辆起火时,按照如下步骤冷静处理起火事故：

1）迅速停车。

2）然后切断电源。

3）取下随车灭火器。

4）依据实际情况采用不同灭火方式。

4. 拖车

1）拖车救援。车辆在需要求援时，应首先选择专业拖车公司，不得盲目自行拖拽，以免对车辆造成不可逆损坏。

2）如无专业拖车公司时，在保证安全的前提下，选择自行拖车应保证车辆钥匙处于ON位，变速杆置于N位。

3）建议使用硬拖，选择合适的拖车杠。在自行拖车时，需控制拖车时速不超过15km。

5. 车辆托底

在遭遇凹凸不平的路面时，应减速通过，尽量避免托底情况的发生，一旦发生严重托底，操作如下：

1）检查动力电池外观是否发生损坏。

2）若无损坏，重新起动车辆行驶。

3）发生车辆无法起动，应及时拨打售后服务电话，待救援人员赶赴现场处理。

6. 车辆充电

1）车辆充电尽量浅充浅放，当动力电池电量接近30%时，请立刻充电，这样可以提高您爱车动力电池的使用寿命。

2）动力电池电量接近10%时，车辆将限速9km/h。

3）纯电动汽车在冬季低温行驶后，应及时充电，避免因长时间停驶导致动力电池温度低，造成用电浪费和充电延时。

4）按照维护规定里程定期进行车辆维护。

5）车辆长期停放应保证50%~80%的电量，将12V低压电源线断开，每2~3个月至少对动力电池进行一次充放电，以保证动力电池寿命。

6）非专业维修人员绝对不要自行拆卸、调整、安装、改装动力电池。

2.2.5 非正常换档测试

为了保证车辆在行驶过程中的安全性，驾驶人需按照一定的规则进行车辆的操作，如车辆起动时档位应处于空档位置；车辆前进过程中不能将档位直接由前进档切换至倒档等。这些驾驶规则被存储于整车控制器中，驾驶人按照这些规则进行车辆操作能够保证车辆行驶的安全性，但是由于车辆操作由驾驶人主动完成，因此当驾驶人存在误操作时，就需要整车控制器能够识别其误操作，并给出合适的解决办法，以保证安全性。例如对于北汽EV160纯电动汽车，在进行上电操作时，若电子换档旋钮处于非空档位，车辆将无法上电和正常行驶，且中控系统会提示驾驶人车辆存在微度故障，如图2-2-9所示。

图 2-2-9 中控系统微度故障提示

下面以北汽 EV160 纯电动汽车为例，通过实践操作来体验车辆行驶过程中，驾驶人非正常换档操作后整车控制器对于车辆的控制。该项目需要在空旷的场地，由经验丰富的驾驶人进行操作，操作时仍需注意安全。非正常换档操作试验的具体步骤如下：

1）打开车门，驾驶人上车。
2）关闭车门，系好安全带。
3）驾驶人踩下制动踏板，松开驻车制动。
4）将起动开关置于 ON 位。
5）将电子换档旋钮由 N 位旋至 D 位。
6）逐渐松开制动踏板，车辆开始行驶，踩下加速踏板加速车辆。
7）在车辆正常前进过程中，将换档旋钮从 D 位旋至 R 位。
8）车速逐渐下降，倒车影像与倒车雷达逐步开始工作，然后车辆向后行驶。

通过实践操作能够发现，当驾驶人进行非正常换档操作时，车辆受整车控制器控制，将不会立刻按照错误的操作运行，而是按照正常工作流程完成驾驶人意图的解读。由此可以看出，整车控制器对于车辆的控制，是基于保证车辆和驾驶人的安全来进行的。

单元小结

1. 车辆的运行状态测试主要是对车辆的驾驶性能进行测试，功能完好的车辆应能够较好地实现起停、前进、倒退、换档、转向等操作。车辆的运行状态测试是进行车辆控制系统故障诊断的基础性检查工作之一。

2. 运行状态测试主要是指测试车辆是否能够按照驾驶人意图，完成车辆的换档、行驶、转向等功能的实现。

3. 车辆行驶测试主要是测试驱动电机系统的功能是否完好。

4. 车辆换档测试主要是检测换档机构能否将驾驶人的换档意图正确解读，以及能够将换档信号传递至整车控制器。

任务工单2.2

任务名称	车辆运行状态测试		学时	4	班级	
学生姓名			学生学号		任务成绩	
实训设备	北汽 EV160 纯电动汽车 4 台；车辆防护套装 4 套		实训场地	一体化教室	日期	
实训任务描述	假如你是北汽新能源 4S 店的一名车辆销售人员，某顾客打算采购一辆北汽 EV160 纯电动汽车，希望试乘试驾，请在顾客试驾前对顾客进行车辆运行状态测试示范操作					
任务目的	以行动为导向，引导学生制订计划，按照规范进行车辆运行状态测试					

一、资讯

1. 功能完好的车辆应能够较好地实现_____、_____、_____、_____、_____等操作。
2. 整车控制器的驱动控制策略的核心内容包括_____、_____、_____等。
3. 北汽 EV160 纯电动汽车的驱动电机系统主要由_____和_____组成，通过_____、_____与整车其他系统做电气和散热连接。
4. 北汽 EV160 纯电动汽车采用的驱动电机类型是_____，采用的电机控制器是_____。
5. 北汽 EV160 纯电动汽车驱动电机系统控制包括_____、_____。
6. 北汽 EV160 纯电动汽车的换档机构采用了_____，其整车工作电压为_____，共有 4 个档位，分别为_____，各档位在换档器上的位置角度相差_____。
7. 北汽 EV160 纯电动汽车采用了_____转向系统。
8. 进行车辆行驶测试：在车辆起步时，观察车辆起步响应是否_____，车辆起动过程中是否出现_____等情况；车辆行驶过程中，踩下加速踏板，感觉_____是否正常，以及车辆加速响应是否_____，车速提升是否_____；车辆制动时，_____是否足够，是否出现_____等。
9. 车辆常见换档故障有_____。
10. 简述车辆换档测试时需要注意观察的内容。

_____
_____
_____
_____
_____

二、计划与决策

请根据实训任务要求，确定实践操作所需要的资料及用具，小组成员通过分工合作完成实训任务。

1. 需要的资料及用具

2. 小组成员分工

3. 实践操作流程设计

三、实施

1. 车辆行驶测试

1）车辆起步时，观察车辆起步响应是否迅速：_____。

2）车辆起动过程中是否出现抖动异响等情况：_____。

3）车辆行驶过程中，踩下加速踏板，感觉加速能力是否良好：_____。

4）车辆行驶过程中，踩下制动踏板，感觉制动性能是否良好：_____。

2. 车辆换档测试

1）车辆行驶时，进行换档操作，D 位换至 E 位，车辆运行是否平稳：_____。

2）E 位时通过按键"E＋"和"E－"，调节制动能量回收力度，当按下"E＋"时，松开加速踏板，车辆减速情况：_____。

3）行驶中由"D"位换至"R"位，车辆运行状态：_____。

3. 车辆转向测试

1）车辆低速行驶转向时，转向轻便性：_____。

2）保持转向时，转向盘有无抖动现象：_____。

四、检查

完成操作后，对自己操作过程做如下检查：

1. 是否按照设计的流程完成实践操作：_____。

2. 是否观察到非正常换档操作后车辆的明显动作：_____。

3. 是否严格遵守注意事项进行操作：_____。

4. 是否恢复和整理现场：_____。

五、评估

1. 请根据自己任务完成的情况，对自己的工作进行自我评估，并提出改进意见。

1）_____
_____。

2）_____
_____。

2. 工单成绩（总分为自我评价、组长评价和教师评价得分值的平均值）

自我评价	组长评价	教师评价	总分

学习单元 2.3　制动能量回收功能测试

假如你是北汽新能源 4S 店的一名车辆销售人员,在进行纯电动汽车的制动能量回收功能介绍时,请问你会向客户进行制动能量回收功能的操作演示吗?

1. 能通过与客户交流和查阅相关维修技术资料获取车辆信息。
2. 能独立制订工作计划并按计划实施。
3. 能向客户介绍制动能量回收的意义。
4. 能正确地进行制动能量回收功能测试。
5. 能遵守个人和车间安全作业要求,注重个人安全防护。
6. 能正确地检查工作结果并进行自我评估。

2.3.1　制动能量回收的意义

受动力电池技术所限,纯电动汽车往往存在一次充电续驶里程短、电池充电时间长、电池循环寿命短及更换率高等问题。为了进一步提高能源利用效率,现在的纯电动汽车普遍采用了制动能量回收技术。制动能量回收是指依靠驱动电机反拖制动,将车辆行驶的动能储存在电动汽车的储能装置中加以回收利用。

传统的燃油汽车在制动时是将车辆的惯性能量通过制动器的摩擦转化为无法回收的热能散发到周围环境中损失掉了,从而造成了能量的浪费。对于纯电动汽车而言,由于其主要驱动部件电机具有能量转换的可逆性,即在特定条件下电机可以转变为发电机运行,故可以在制动时将制动能量转化为电流充入储能装置,如蓄电池、超级电容等,以供车辆行驶使用,从而增加电动汽车的续驶里程。通过制动能量回收,能够提高整车能量利用效率。

制动能量回收配合机械制动,能够提高电动汽车制动系统的安全性、灵敏性和可靠性,能够增加整车续驶里程,对于电动汽车具有重要意义。合理的制动能量回收不仅能够节约能源,提高能量利用效率,而且能为纯电动汽车提供辅助制动功能,从而提高整车制动性能。制动能量回收能够将电动汽车输出动能能量的 15%~18% 存储于储能装置,其余部分将会消耗在制动过程中。通过采用制动能量回收控制系统,纯电动汽车一次充电后的续驶里程能够增加 5%~10%。在需要频繁制动和起动的城市工况运行条件下,有效地回收制动能量甚至能够将电动汽车的续驶里程延长更多。丰田 Prius 通过制动能量回收大约能使续驶里程增加 20%;本田 Insight 通过回收的制动能量大约可以将续驶里程增加 30%。

2.3.2 制动能量回收的控制

制动能量回收又称"再生制动",其原理是在制动时,将电动汽车行驶的惯性能量传递给电机,电机以发电方式工作,为储能装置充电,从而实现制动能量的再生利用。同时,电机以发电方式工作时产生的电机制动力矩又可以对驱动轮施加制动,产生制动力。

制动系统在设计时首先考虑的是车辆的安全性,包括快速降低车速和保持制动过程的方向稳定性。这些要求需要车辆的制动系统在各个车轮上提供足够大的制动力以及合理的制动力分配。

制动能量回收的控制策略对能量回收效果及制动时的安全性和舒适性有重要影响。在电动汽车中,机械摩擦制动与电机制动同时存在,故对于这种混合制动系统,有多种控制策略可以采用。制动控制策略设计的目标是要保证汽车的制动性能和尽可能多地回收制动能量。控制策略需要解决制动力在前后轮上的分配、机械制动力和电再生制动力的分配问题。目前应用较多的控制策略为最大制动能量回收控制策略。该策略考虑车型结构特点,充分利用地面附着条件和制动时前后轮的制动力分配曲线,将制动力优先分配给驱动轮,从而实现最大制动能量回收。制动力理想分配曲线如图2-3-1所示。

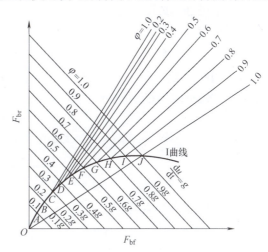

图 2-3-1 制动力理想分配曲线

2.3.3 北汽 EV160 纯电动汽车制动能量回收控制

下面以北汽 EV160 纯电动汽车为例,介绍其制动能量回收的控制原理。北汽 EV160 纯电动汽车能够在滑行和减速制动时实现制动能量回收,而当电子换档旋钮置于 E 位(经济档位)时,车辆能够进行制动能量回收强度的调节。电子换档旋钮左侧配备了两个辅助按键 E + 、E - 。两个辅助按键只在 E 位起作用,E + 表示制动能量回收强度增强,最大为 3 档;E - 表示制动能量回收强度减小,最小为 1 档。制动能量回收强度调节按键如图 2-3-2 所示。

除了利用电子换档器面板上的按键进行制动能量回收强度的调节之外,为了方便驾驶人进行操作,北汽 EV160 纯电动汽车的转向盘上也设置了制动能量回收强度调节按键,如图 2-3-3 所示。

图 2-3-2 制动能量回收强度调节按键

图 2-3-3 制动能量回收强度调节按键

在车辆行驶过程中，整车控制器将根据加速踏板和制动踏板的信号、车辆行驶状态信息以及动力电池状态信息（SOC 值）来判断某一时刻能否进行制动能量回收，在满足安全性能、制动性能以及驾驶人舒适性能的前提下，回收部分制动能量。

制动能量回收控制主要包括滑行制动（车辆行驶过程中，驾驶人松开加速踏板但未踩下制动踏板的过程，此时车辆进行能量回收，有一定制动效果）和制动两种工况的电机制动转矩控制。根据加速踏板和制动踏板信号，制动能量回收可以分为两个阶段（见图 2-3-4）：阶段一，车辆行驶过程中，驾驶人松开加速踏板但未踩下制动踏板的过程；阶段二，驾驶人踩下制动踏板后。在阶段一中，加速踏板与制动踏板均未踩下，此时整车控制器判定车辆处于滑行状态，并按照控制器中设定好的相应 MAP 图进行滑行状态下制动能量回收力矩的输出控制；在阶段二中，整车控制器根据制动踏板信号，判定驾驶人有制动需求，车辆处于减速制动状态，然后就将按照控制器中设定好的相应 MAP 图进行减速制动状态下制动能量回收力矩的输出控制。

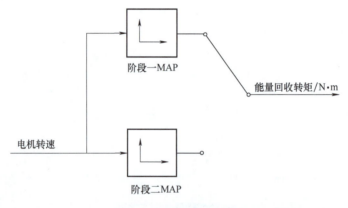

图 2-3-4　制动状态判定

在进行制动能量回收控制时，需要遵循的原则是：制动能量回收不能干预 ABS 的工作；当 ABS 进行制动力调节时，制动能量回收不应该进行；当 ABS 报警时，制动能量回收不应该进行；当电驱动系统出现故障时，制动能量回收不应该进行。

2.3.4　制动能量回收与机械制动的融合技术

在电动汽车中，由于机械摩擦制动与电机再生制动同时存在，因此制动性能的保证和制动能量的回收两个目标之间有不同的制动力分配要求，这就需要制动能量回收控制策略能够在机械制动和电机再生制动之间寻求合适的平衡点。

作为最重要的车辆主动安全措施，ABS 防抱死制动系统在许多国家已经属于强制要求的配置内容；从安全角度考虑，目前由电力驱动的、有制动能量回收功能的新型动力汽车仍然保留了机械制动系统，并且绝大多数都装备了 ABS 防抱死制动系统。现有的防抱死制动系统技术已较为成熟，能够保证在大制动强度或恶劣附着条件下车辆制动的稳定性。而在加入制动能量回收功能后，如何使防抱死制动效果不受影响，如何利用回馈制动的特性配合机械制动进行防抱死制动，对于电力驱动类汽车的制动安全至关重要。

在传统内燃机汽车上，制动力全部来自于制动器的摩擦，且制动操纵机构与制动器之间的连接是唯一的，这有利于保证驾驶人的制动操作与车辆的制动强度之间的关系明确且固定。当制动能量回收功能引入车辆制动系统后，车辆的制动力来源变为制动器摩擦及电机反拖两部分，而制动操纵机构仍只有一个，即制动踏板，这样就牵扯到制动力需求在两个制动力来源之间的分配问题。由于回馈制动力来源于电驱动系统，其受动力电池、驱动电机等多方面限制，所表现出的动力学特性与机械制动条件下有所不同，这也增加了制动力分配控制的难度。

目前制动能量回收的控制策略可以分为两大类，即并联式能量回馈控制策略和串联式能量回馈控制策略。并联式能量回馈控制策略对于机械制动系统原有的特性进行保留，不做调节，并将回馈制动力直接附加于机械制动力之上，其目标值（由于受电机、动力电池等限制并不一定能够达成）与制动力需求形成一定比例，如图2-3-5a所示；串联式能量回馈控制策略则是通过对机械制动力进行调节，使得回馈制动力与机械制动力之和满足制动力需求，如图2-3-5b所示。

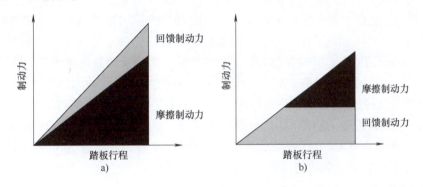

图 2-3-5　制动能量回收控制策略
a）并联式能量回馈控制策略　b）串联式能量回馈控制策略

在并联式能量回馈控制策略下，机械制动力随踏板行程呈线性变化，而回馈制动力则根据整车制动力需求和车辆状态叠加到机械制动力之上，因此在车辆制动过程的始终，机械制动力与回馈制动力都同时存在。在串联式能量回馈控制策略下，当整车制动力需求小于车辆所能产生的最大会回馈制动力时，整车制动力完全由回馈制动力提供；而当整车制动力需求大于车辆所能产生的最大回馈制动力时，制动能量回收系统将提供最大回馈制动力，剩余的制动力需求将由机械制动力提供。

并联式能量回馈控制策略的优点是对原有机械制动系统改造较少，易于实现且成本较低，缺点是制动能量回收率低，当回馈制动力发生变化时，总制动力也将发生变化，使得总制动特性不够稳定；串联式能量回馈控制策略的优点是制动能量回收率较高，缺点是需要对机械制动系统进行改造，且其控制策略较为复杂，不易实现。

早期的制动能量回收技术多采用并联式能量回馈控制策略，只能够实现一般意义上的能量回收功能。若从控制策略层面加大制动能量回收率，则会对驾驶人的驾驶感受造成负面影响，即制动的实际减速度与驾驶人的意图存在较大偏差；串联式制动能量回收系统在多个典型工况下回收的能量占驱动能量的比例都能达到10%左右，效率高于并联式制动能量回收系统。克莱斯勒汽车公司的员工 Evan Boberg 针对电机在变速器输入端耦合的混合动力系统提出的制动耦合控制逻辑，即尽可能由电机进行回收制动，剩余制动力由摩擦制动补齐，是典型的串联式制动能量回收控制策略。

2.3.5　制动能量回收储能装置

制动能量回收的实质是通过能量转换装置将机械能转换为电能，并将得到的电能存入储能装置。通常用于制动能量回收的储能装置有动力电池和超级电容器，不同的储能装置具有不同的特性。动力电池作为储能装置最为常见，其具有能量密度高而功率密度低的特点，因此难以实现短时间内的大功率充电，且充放电循环次数有限，使用成本较高；超级电容器是一种介于电池和静电电容器之间的储能元件，具有比静电电容器高得多的能量密度和比电池高得多的率密度，适合用作短时间电功率吸收装置。相比较而言，超级电容器比功率高、大电流放电能力强等特点使得其在制动能量回收中的应用比动力电池具有优势，但其能量密度低于动力电池。目前在储能装置的配置方面，动力电池与超级电容并联作为电动汽车的能量源被认为是解决电动汽车动力问题的最佳途径。超级电容的使用能够平滑动力电池的充放电电流，延长动力电池的使用寿命，并改善制动能量回收效果，大幅度提高电动汽车的续驶里程。

美国 Maxwell 公司所开发的超级电容器已在各种类型的新型动力汽车上有了良好的应用，其能源部推出的电动汽车用超级电容的可行性研究计划中，中期目标是实现能量密度 10W·h/kg 和功率密度 1000W/kg，长期目标是实现能量密度 15W·h/kg 和功率密度 1500W/kg。日本东京 R&D 公司在电动汽车上使用超级电容进行能量回收后，可提高电动汽车行驶里程的 20%，动力电池使用寿命也延长了 1.5 倍。

2.3.6　制动能量回收功能测试

制动能量回收功能一般在车辆制动时起作用，能量回收情况无法直接进行观察，但可以通过车辆其他部件状态进行间接观察。在进行制动能量回收时，车辆行驶惯性反拖驱动电机，此时主驱动电机工作于发电状态，并将产生的电能输送至电储能装置，此时通过观察到的电储能装置的输出电流应为负值，数值大小表示制动能量的回收强度。在北汽 EV160 纯电动汽车上，可以通过仪表盘上的调节按钮调节出动力电池输出电流值进行观测，如图 2-3-6 所示。

图 2-3-6　制动能量回收电流指示

除通过上述方法间接观察车辆制动时能量回收情况，在高配版北汽 EV160 纯电动汽车上，还可以通过中控信息系统中的整车能量流流动情况来观察制动能量回收情况：当车辆处于匀速或加速行驶时，整车驱动力由动力电池输出的电能经驱动电机转化为机械能后传递至车轮，此时整车能量流流动情况如图 2-3-7 所示。

当车辆处于减速制动状态时，驱动电机作为发电机将制动能量转化为电能为动力电池充电，此时整车能量流流动情况如图 2-3-8 所示。

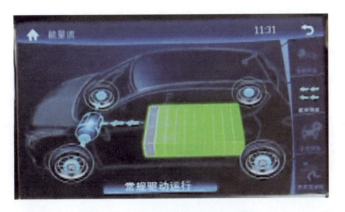

图 2-3-7　车辆前进时整车能量流

图 2-3-8　制动能量回收状态能量流

制动能量回收功能测试需要经验丰富的驾驶人在实车上进行操作，场地要求为空旷行人少的路段。测试的具体步骤如下：

1）打开车门，驾驶人上车。
2）关闭车门，系好安全带。
3）驾驶人踩下制动踏板，并松开驻车制动。
4）将起动开关置于 ON 位。
5）将电子换档旋钮由 N 位旋至 D 位。
6）逐渐松开制动踏板，车辆开始行驶。
7）踩下加速踏板，加速至较高车速。
8）松开加速踏板、踩下制动踏板。
9）进行观察：仪表盘电流显示为负；中控系统中，车辆监控菜单下制动能量回收图标点亮；能量流菜单下，能量流方向由车轮回流至动力电池。

1. 制动能量回收是指依靠驱动电机反拖制动，将车辆行驶的动能储存在电动汽车的储能装置中加以回收利用。

2. 制动能量回收配合机械制动，能够提高电动汽车制动系统的安全性、灵敏性和可靠性，能够增加整车续驶里程，提高动力性能，对于电动汽车具有重要意义。

3. 制动能量回收原理：在车辆滑行或减速制动时，电动汽车行驶惯性将反拖驱动电机，驱动电机以发电方式工作，为储能装置充电，从而实现制动能量的再生利用；同时，在电机以发电方式工作时产生的电机制动力矩又可以对驱动轮施加制动，产生制动力。

4. 制动能量回收的控制策略设计的目标是要保证车辆具有良好的制动性能和尽可能多的回收制动能量。

任务工单2.3

任务名称	制动能量回收功能测试	学时	2	班级	
学生姓名		学生学号		任务成绩	
实训设备	北汽 EV160 纯电动汽车 4 台；车辆防护套装 4 套	实训场地	一体化教室	日期	
实训任务描述	假如你是北汽新能源 4S 店的一名车辆销售人员，在进行纯电动汽车的制动能量回收功能介绍时，请问你会向客户进行制动能量回收功能的操作演示吗				
任务目的	以行动为导向，引导学生制订计划，按照流程进行车辆制动能量回收功能的操作演示				

一、资讯

1. 制动能量回收是指依靠_____，将车辆行驶的动能储存在电动汽车的_____中加以回收利用；通过制动能量回收部分制动能量，能够显著提高_____。

2. 制动能量回收能够将电动车输出动能能量的_____存储于储能装置，其余部分将会消耗在_____中。通过采用制动能量回收控制系统，纯电动汽车一次充电后的续驶里程能够增加_____%。

3. 制动能量回收控制策略的设计目标是_____
_____。控制策略需要解决_____的分配和_____的分配问题。

4. 北汽 EV160 纯电动汽车能够在_____和_____时实现制动能量回收；只有当电子换档旋钮置于____位时，才能够进行制动能量回收强度的调节。

5. 北汽 EV160 纯电动汽车的制动能量回收功能分两个阶段：阶段一是_____
_____；阶段二是_____
_____。

6. 简述在进行制动能量回收控制时应遵循的原则。
_____
_____
_____
_____

二、计划与决策

请根据实训任务要求，确定进行实训操作所需要的资料及用具，完成小组成员分工和工作计划的制订。

1. 需要的资料及用具

2. 小组成员分工

3. 实践操作流程设计

65

三、实施

1. 制动能量回收功能一般可以通过_____来观察。
2. 当车辆制动能量回收时,动力电池输出电流应为_____值。
3. 制动能量回收功能测试步骤:
   1) 打开车门,驾驶员上车。
   2) 关闭车门,系好安全带。
   3) 驾驶人踩下制动踏板,并松开_____。
   4) 将起动开关置于 ON 位。
   5) 将电子换档旋钮由 N 位旋至 D 位。
   6) 逐渐松开制动踏板,车辆开始行驶。
   7) 踩下_____踏板,加速至较高车速。
   8) 松开_____踏板、踩下_____踏板。
   9) 进行观察。
   10) 将电子换档旋钮由 D 位旋至 E 位,并通过 E+、E- 按钮调节制动能量回收程度。
   11) 当按下 E+ 时,车辆_____;当按下 E- 时,车辆_____。
4. 简述制动能量回收功能测试时观察到的现象。
   1) 显示仪表现象:_____。
   2) 显示仪表如何调节:_____。
   3) 中控信息娱乐系统现象:_____。
5. 试根据观察到的现象简要分析整车控制器进行制动能量回收的控制原理。

_____
_____
_____
_____

四、检查

完成操作后,对自己操作过程做如下检查。
1. 是否按照设计的流程完成实践操作:_____。
2. 是否从显示仪表观察到制动能量回收现象:_____。
3. 是否从中控系统观察到制动能量回收现象:_____。
4. 车辆和场地是否恢复:_____。

五、评估

1. 请根据自己任务完成的情况,对自己的工作进行自我评估,并提出改进意见。
   1) _____
   2) _____
2. 工单成绩(总分为自我评价、组长评价和教师评价得分值的平均值)

自我评价	组长评价	教师评价	总分

学习单元2.4　保护功能测试

假如你是北汽新能源4S店一名车辆销售人员，在进行纯电动车型的保护功能介绍时，请问你会向客户进行车辆相关保护功能的操作演示吗？

1. 能通过与客户交流和查阅相关维修技术资料获取车辆信息。
2. 能独立制订工作计划并按计划实施。
3. 能向客户介绍车辆保护功能。
4. 能正确地进行防溜车功能测试。
5. 能正确地向客户介绍高压互锁功能。
6. 能遵守个人和车间安全作业要求，注重个人安全防护。
7. 能正确地检查工作结果并进行自我评估。

2.4.1　保护功能概述

纯电动汽车整车控制器保护功能主要是从系统控制层面对关系到车辆及驾驶人安全的功能、故障等进行有效处理，是保障车辆正常运行及驾驶人安全的重要功能。纯电动汽车整车控制器能够完成的保护功能主要可分为功能类保护和故障类保护两大类。功能类保护主要是指整车控制器对关系到车辆行驶安全的功能能够进行妥善地控制，如防溜车控制、充电保护控制等；故障类保护是指整车控制器对车辆运行状态进行实时诊断，对出现的故障进行预警及应急处理，以保证整车在安全要求范围内的可使用性。

2.4.2　功能类保护

1. 防溜车功能控制

当车辆在坡道上起步时，驾驶人从松开制动踏板到踩下加速踏板的过程中，可能会出现向后溜车的现象。此外，车辆在坡道上行驶时，如果驾驶人踩下的加速踏板的深度不够，导致驱动力不足，车辆也会出现车速逐渐降到0然后向后溜车的现象。溜车现象产生的最主要原因是车辆驱动力不足以克服车辆在坡道上受到的上坡阻力。为了防止车辆在坡道上向后溜车，在纯电动汽车整车控制策略中需要增加防溜车控制功能。北汽EV160纯电动汽车的整车控制策略中就具备防溜车控制功能，其控制流程如图2-4-1所示。

整车控制器首先判断车辆是否允许进行防溜车控制，并对电机控制器输出转矩与车速状态进行对比判断，当发现车辆出现溜车现象时，整车控制器将命令电机控制器适当加大电机转矩，从而控制整车车速，以防止溜车现象的出现。防溜车控制功能可以保证整车在坡上起步时，向后溜车距离小于10cm；整车在上坡行驶过程中如果动力不足时，整车车速会慢慢降到0，然后保持0车速，不再向后溜车。

2. 充电过程保护控制

在为动力电池充电时，整车控制器将与电池管理系统共同进行充电过程中的充电功率控制。整车控制器在此处的主要功能是：在接收到充电信号后，禁止整车高压系统上电，以保证车辆在充电状态下处于行驶锁止状态。

此外，整车控制器将实时监控动力电池状态信息，配合电池管理系统合理控制充电功率，以保护动力电池，避免出现过充电现象。对应于充电过程对动力电池的保护控制，在车辆实际运行过程中，整车控制器也将实时监控动力电池状态信息，以避免动力电池出现过放电现象。

3. 高压上下电保护控制

在驾驶人使用车辆过程中，整车控制器将根据驾驶人对行车钥匙开关的操作，进行动力电池高压接触器的开关控制，完成高压设备电源通断和预充电控制。这样能够做到当整车只有低压用电需求时，高压系统处于断电状态，以保护用电器及人员的安全。

此外，整车控制器还将根据各用电器的用电需求，协调控制各相关部件的上电与下电流程，包括电机控制器、电池管理系统等部件的供电以及预充电继电器、主继电器的吸合和断开时间等。有序的上下电流程能够保证高压系统的稳定工作，并避免高压上下电的瞬时电流过大导致用电设备损坏。

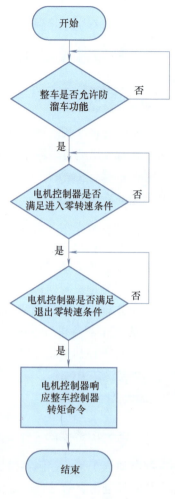

图 2-4-1 防溜车控制流程

2.4.3 故障类保护

在车辆上电后，无论车辆处于静止状态还是运行状态，整车控制器都将连续监视整车电控系统，对系统实时出现的故障进行诊断，并及时进行相应的安全保护处理。根据传感器的输入信号及其他通过CAN总线通信得到的驱动电机、动力电池、车载充电机等状态信息，对各种故障进行判断、等级分类、报警显示，并实时存储故障码，供维修时查看。整车控制器对故障进行的分级及相应的处理方式，以动力电池为例，如图2-4-2所示。

通过对故障进行分级处理，能够有效保证车辆的正常运行和整车安全。整车控制器通过显示系统，能够对于各级故障进行显示，提醒驾驶人及时处理。如当空调压缩机电流过大时，整车控制器将断开空调压缩机供电电路，以对空调系统进行保护；在进行车辆换档控制时，当整车控制器检测到驾驶人换档误操作时，将不解读驾驶人的换档意图，同时会通过仪表等提示驾驶人，使驾驶人能迅速做出纠正。

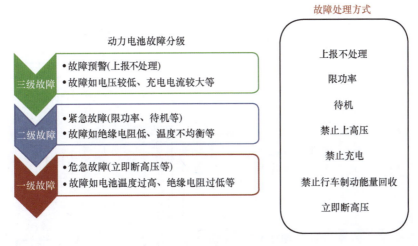

图 2-4-2　动力电池故障分级处理

2.4.4　高压互锁功能

高压互锁回路简称 HVIL（High Voltage Interlock），是利用电气小信号来检测整个高压系统包括导线、插接器及护盖在内的电器完整性和连续性，并能够在互锁回路异常断开时，及时断开高压电。高压互锁回路具体功能如下：

1）在高压上电前，确保整车高压系统的完整性，使高压处于一个封闭的环境下工作，提高整车安全性。

2）在车辆运行过程中，若高压系统回路断开或者完整性受到破坏时，高压互锁装置需能够及时启动安全防护。

3）防止带电插拔高压插接器给高压端子造成拉弧损坏。

北汽 EV160 纯电动汽车采用的高压互锁回路，通过各高压插接件的连接确认信号来进行高压系统的保护，如图 2-4-3 所示，其具体工作原理如下：

图中有四条低压互锁线：维修开关 MSD 低压互锁线、动力电池高压插件低压互锁线、电机控制器 UVW 高压插件低压互锁线、其他高压部件低压互锁线。

其他高压部件低压互锁线通过一根低压导线将整车控制器 VCU、空调压缩机、车载充电机、高压控制盒开盖开关、高压控制盒上所有高压插件、DC/DC 变换器、PTC 加热器串联在一起，低压互锁线的 12V 电压来自整车控制器 VCU 内部，低压互锁线经 PTC 加热器后搭铁形成封闭回路。当高压回路所有插件连接完好，VCU 内部检测电压 $V_s = 0V$，高压回路完整；当高压回路内某一个插件没有连接好，VCU 内部检测电压 $V_s = 12V$，高压回路不完整，此时整车控制器切断高压供电回路，禁止动力电池对外供电。互锁回路还包括了用于检测高压部件盖板是否可靠关闭的行程开关。

回路还包括了车辆碰撞信号和侧翻信号，当车辆发生碰撞或侧翻时，互锁回路中的传感器产生的碰撞或侧翻信号传输到整车控制器，触发断电信号，整车控制器会使高压电源及时断开，以保护乘员安全。

高压互锁功能的测试，可以配合显示仪表进行。通过拔下高压系统某一部件的插接器，观察显示仪表是否进行整车高压故障报警,然后安好该插接器,观察故障报警是否消失。(特别提示,进行该项操作需采取个人安全防护措施。)

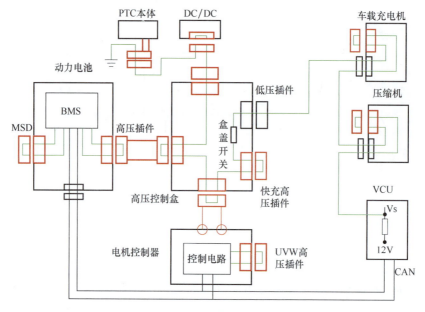

图 2-4-3　高压互锁信号回路

2.4.5　电动汽车的安全

相对于传统内燃机汽车而言,由于采用高电压驱动电机,电动汽车其安全性问题更为突出。这是因为电动汽车为了达到较好的能量利用,动力电压不断提高,由以往的几十伏已经提高至目前的 100~600V,甚至更高,远远超过安全电压,一旦发生触电事故,对人体的伤害将十分严重。因此在传统汽车结构安全的基础上,其动力系统的安全性问题更不容忽视。此外,由于动力电池充放电特性,容易造成燃烧、爆炸、可燃气体聚集等问题。

1. 电动汽车高电压伤害问题及其防护

对于电动汽车电伤害的研究要分析人体安全电压和电流,避免乘员在动力系统发生短路、漏电等情况下受到电伤害。根据国家有关安全标准,人体允许电流不能超过 30mA,在某些特殊场合下将更小。人体电阻主要是由体内电阻、皮肤电阻和皮肤电容组成。人体电阻随着条件的不同在很大范围内变化,但是,人体电阻一般不低于 1000Ω。我国安全电压多采用 36V,即大体相当于危险环境下的安全电压。

有的国家规定 2.5V 为一级的安全电压值,即相当于人体大部分浸入水中,且如果不能摆脱带电体或强烈痉挛即可导致致命的二次事故的情况。

根据国际电工标准(IEC 60529—2001),为蓄电池驱动的道路车辆提供能量的电气装置:对正常工作中的触电防护要求为在任意可接触的触点间的峰值电压应低于 42.3V。电动汽车动力系统在危险工况下,避免人体电伤害的安全电流应小于 30mA。由于动力电池在危险工况下可能会出现短路，短路的巨大电流会使短路处甚至使整个电路过热，从而导致导线的绝缘层燃烧起来，并引燃周围的可燃物，乘员也可能因接触带电体而发生电伤害。

2. 电动汽车动力电池燃烧爆炸问题及其防护

电池充电期间或车辆行驶过程中，种种原因都有可能引发燃烧、爆炸等事故。当电动汽车采用锂电池时，若不同容量的锂电池混合使用，过放电时将会使电池组中容量较小的电池出现反极（电池的正极变负极，负极变正极），从而使正极的金属锂形成易燃易爆物质。同时，由于锂电池在充放电过程中碳负极与正极脱出的氧反应会生成易燃气体 CO；另外，由于隔膜被腐蚀使正负极短路，使有机溶剂电解液发生反应也会生成易燃气体等。以上因素均可能造成电动汽车燃烧或爆炸。在电动汽车的开发与设计过程中要严格禁止新旧电池、不同容量电池的混合使用，以避免事故的发生。

铅酸电池、氢-镍电池、镉-镍电池等可能由于过充电、过放电因素产生氢气而引起燃烧、爆炸伤害。氢气在空气中的爆炸极限：爆炸下限（体积）4%，爆炸上限（体积）76%。氢气的爆炸（燃烧）条件为：必须由其他点火源给予点火能，氢气在空气中的浓度范围必须在其爆炸极限之内。

3. 电动汽车充电、行驶过程中满足防护要求

为了防止燃烧、爆炸事故的发生，车辆的任何地方不得有潜在危险气体的聚集；不允许乘客舱及封闭的货舱内的氢气浓度超过气体体积的2%；允许气体的最大聚集量应符合国家相关标准；当给动力电池充电时，应测量制造厂规定区域内的排气中氢气的浓度；常规充电操作时，氢气浓度应低于气体体积的1%；充电期间发生（车内）通风装置失效、充电器损坏、动力电池连接端子松动、通风管脱落等故障时，氢气浓度应低于气体体积的2%；在规定的排气区域内不得有电接触火花源、熔丝火花源、制动衬片火花源、接触电刷火花源、静电放电火花源等火花源。

2.4.6 防溜车功能测试

以北汽 EV160 纯电动汽车为例，在实车上进行防溜车功能测试。在进行测试时，需要预先选择测试场地。由于防溜车功能主要是在车辆坡道起步时起作用，因此测试场地应选择在合适的坡道上，且测试操作应由经验丰富的驾驶人来完成。防溜车功能测试的具体步骤如下：

1）将车辆开至坡道上，如图 2-4-4 所示，关闭起动开关。
2）打开起动开关，将电子换档旋钮旋至 D 位。
3）逐渐松开制动踏板，在未踩下加速踏板时，车辆向后微微溜车，经过一小段距离后，车辆停止在坡道上。
4）此时观察仪表盘，电流大于0，如图 2-4-5 所示。

前进档位下，松开制动踏板时，车辆向后微微溜车一小段距离后停止在坡道上，是因为此时车辆的驱动力不足以克服阻力。此时的车辆在坡道上有向后溜车的趋势，整车控制器配合电机控制器控制主驱动电机输出微小转矩，克服车辆向后溜车的趋势，使车辆停止在坡道上。

图 2-4-4　车辆停止在坡道上

图 2-4-5　防溜车控制时动力电池输出电流

2.4.7　故障分级报警功能测试

北汽 EV160 纯电动汽车的整车控制器具有故障分级报警功能，并采用不同的报警措施提醒驾驶人进行车辆维修。下面通过不同故障的设置来对整车控制器的故障分级报警功能进行认知。

1. 电动汽车微度故障认知

一般情况下，车辆车速由其动力性能限制，只能够运行在低于最高车速的速度区间，而最高车速对应于驱动电机的最大转速。下面通过使北汽 EV160 纯电动汽车空载时电机超速运行的方式，来认知这种情况下整车控制器对于车辆的保护控制。具体操作方法如下：

1）举升车辆。
2）起动开关置"ON"位。
3）将电子换档旋钮置于"D"位。
4）将加速踏板迅速踩下，此时仪表盘显示车速迅速升高，当电机转速达到最大值时发现加速踏板失去作用。
5）仪表盘系统故障灯点亮，上部显示：驱动电机系统故障，如图 2-4-6 所示。

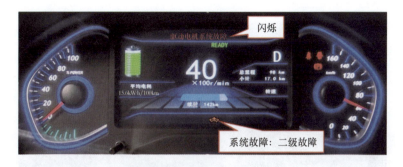

图 2-4-6 驱动电机系统故障指示

6)进入中控主界面。
7)单击车辆监控。
8)屏幕顶部故障提示闪烁,微度故障亮起,如图 2-4-7 所示。

图 2-4-7 微度故障指示

通过试验可以发现,在空载情况下,当迅速踩下加速踏板时,驱动电机转速易达到其最大转速限值,此时整车控制器通过控制加速踏板失效来对车辆进行保护控制,并通过显示仪表和中控系统对驾驶人进行微度故障报警,提示驾驶人及时停靠车辆并进行车辆维修。

2. 电动汽车中度故障认知

对于纯电动汽车而言,驱动电机系统对于车辆行驶性能好坏具有决定性意义,驱动电机系统故障对于车辆的行驶能力影响较大。下面通过拔下北汽 EV160 纯电动汽车驱动电机的旋变信号插头的方式,来认知这种情况下整车控制器对于车辆的保护控制。具体操作步骤如下:

1)确保起动开关关闭。
2)举升车辆。
3)拔下电机接线盒上的旋变信号插头,如图 2-4-8 所示。
4)降下车辆。
5)将起动开关置 ON 位。
6)听见仪表盘发出警示的滴滴声。
7)观察仪表盘,上部显示:驱动电机系统故障,仪表盘下部故障指示灯点亮,动力电池断开指示灯点亮,如图 2-4-9 所示。

图 2-4-8　旋变信号插头位置

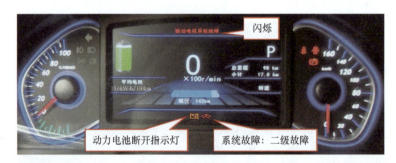

图 2-4-9　仪表盘故障指示

8）进入中控主界面。

9）屏幕顶部故障提示闪烁。在屏幕中央闪烁"中度故障"，进入车辆监控，观察到中度故障灯亮起，如图 2-4-10 所示。

图 2-4-10　中度故障指示

通过试验可以发现，当驱动电机系统旋变信号失效时，整车控制器通过切断动力电池高压供电来采取保护控制，并通过显示仪表和中控系统对驾驶人进行更为明显的中度故障报警，提示驾驶人及时停靠车辆并进行车辆维修。

1. 纯电动汽车整车控制器保护功能主要是从系统控制层面对关系到车辆及驾驶人安全的功能、故障等进行有效处理，是保障车辆正常运行及驾驶人安全的重要功能。

2. 功能类保护主要是指整车控制器对关系到车辆行驶安全的功能能够进行妥善地控制，如防溜车控制、充电保护控制等。

3. 故障类保护是指整车控制器对车辆运行状态进行实时诊断，对出现的故障进行预警及应急处理，以保证整车在安全要求范围内的可使用性。

4. 防溜车控制功能是为了防止车辆在坡道上起步和行驶时向后溜车现象。

5. 在车辆上电后，无论车辆处于静止状态还是运行状态，整车控制器都将连续监视整车电控系统，对系统实时出现的故障进行诊断，并及时进行相应的安全保护处理。

任务工单2.4

任务名称	保护功能测试		学时	2	班级	
学生姓名			学生学号		任务成绩	
实训设备	北汽EV160纯电动汽车4台；车辆防护套装4套		实训场地	一体化教室	日期	
实训任务描述	假如你是北汽新能源4S店一名车辆销售人员，在进行纯电动车型的保护功能介绍时，请问你会向客户进行车辆相关保护功能的操作演示吗					
任务目的	以行动为导向，引导学生制订计划，按照流程进行车辆防溜车功能和故障分级报警功能测试					

一、资讯

1. 北汽EV160纯电动汽车能够完成的保护功能主要有_____和_____两类。
2. 北汽EV160纯电动汽车功能类保护通常有_____、_____。
3. 根据下图分析高压互锁原理。

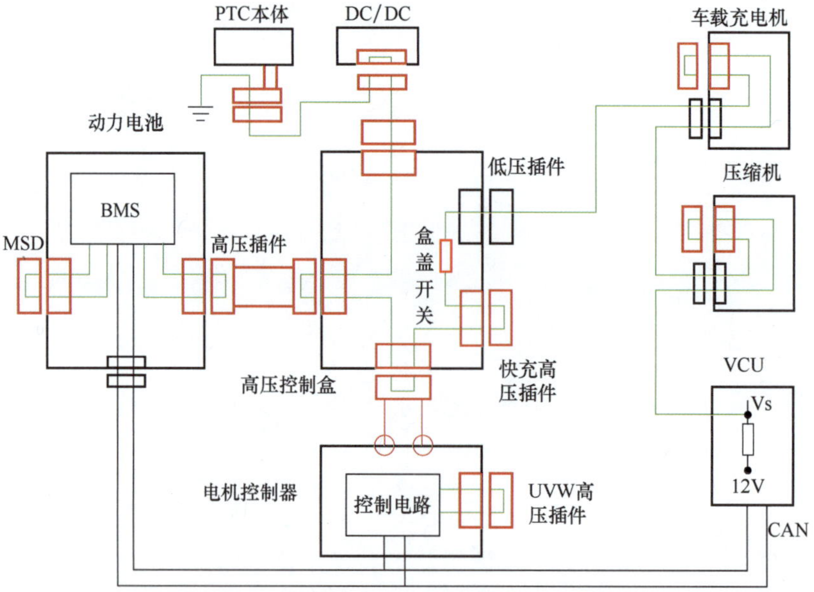

_____
_____
_____
_____
_____

4. 充电状态下，整车控制器将控制车辆_____模式处于锁止状态。
5. 有序的上下电流程能够保证_____的稳定工作，并避免高压上下电时的_____过大损坏用电设备。
6. 动力电池的故障分成三级：_____。
7. 在车辆运行过程中，若高压系统回路断开或者完整性受到破坏时，_____装置需能够及时起动安全防护。

二、计划与决策

请根据实训任务要求,确定实践操作所需要的资料及用具,小组成员通过分工合作完成实训任务。

1. 需要的资料及用具

2. 小组成员分工

3. 实践操作流程设计

三、实施

1. 防溜车功能测试

1)将车辆停放在坡道上。
2)打开起动开关,将电子换档旋钮旋至 D 位。
3)逐渐松开制动踏板,不踩加速踏板,观察车辆移动情况:_____。
4)此时观察仪表盘,电流值:_____。

2. 超速实验(微度故障)

1)举升车辆至一定高度。
2)车辆行驶。
3)突然将加速踏板踩到底。
4)电机超速。
5)观察车辆仪表盘显示情况,是否 READY _____;是否显示故障_____;车辆能否继续行驶:_____。

3. 拔下旋转变压器插头(中度故障)

1)确保起动开关关闭。
2)举升车辆。
3)拔下电机接线盒上的低压信号线束。
4)降下车辆。
5)将起动开关置 ON 位。
6)仪表盘发出_____声音。
7)观察仪表盘:_____。

四、检查

完成操作后,对自己操作过程做如下检查:

1. 是否按照设计的流程完成实践操作:_____。
2. 是否实现防溜车功能:_____。
3. 是否观察到微度故障提示:_____。
4. 是否观察到中度故障提示:_____。

五、评估

1. 请根据自己任务完成的情况,对自己的工作进行自我评估,并提出改进意见。

   1) _____

      _____。

   2) _____

      _____。

2. 工单成绩(总分为自我评价、组长评价和教师评价得分值的平均值)

自我评价	组长评价	教师评价	总分

学习情境 3

整车控制系统的检测与修复

> 🟢 **学习目标**
>
> **素质目标：**
> 1. 能通过与客户交流和查阅相关维修技术资料获取车辆信息。
> 2. 能独立制订工作计划并按计划实施。
> 3. 能正确遵守个人和车间安全作业要求，注重个人安全防护。
> 4. 能正确检查工作质量并进行自我评估。
> 5. 能养成善于积累、不断总结的职业习惯。
> 6. 能养成爱岗敬业、吃苦耐劳的职业素质。
> 7. 能主动传承"敬业、精益、专注、创新"的工匠精神。
>
> **能力目标：**
> 1. 能正确进行整车控制器输入电路检测和故障诊断。
> 2. 能正确进行整车控制器输出电路检测和故障诊断。
> 3. 能进行整车 CAN 总线系统检测和故障诊断。
>
> **知识目标：**
> 1. 了解整车控制器输入、输出电路的基本概念。
> 2. 熟悉整车控制器主要输入、输出信号。
> 3. 掌握整车控制器主要输入传感器、开关信号及执行元件的工作原理。
> 4. 掌握整车控制器输入、输出电路测试的内容及方法。
> 5. 了解 CAN 总线技术的基本概念。
> 6. 熟悉典型车型的 CAN 总线结构。
> 7. 掌握通信电路的检修方法。

 学习单元 3.1　输入电路异常的检测与修复

 任务导入

北汽 EV160 纯电动汽车某驾驶人在为车辆进行慢充充电操作后,发现汽车仪表盘上部有闪烁提示"车辆进入跛行状态",仪表盘下部跛行指示灯及系统故障灯点亮,提示系统存在二级故障。请按照正确规范的操作流程进行故障诊断。

 学习目标

1. 能通过与客户交流和查阅相关维修技术资料获取车辆信息。
2. 能独立制订工作计划并按计划实施。
3. 能正确分析整车控制器输入电路的相关信号。
4. 能正确对整车控制器输出电路进行检测和故障诊断。
5. 能遵守个人和车间安全作业要求,注重个人安全防护。
6. 能正确地检查工作结果并进行自我评估。

 理论知识

3.1.1　整车控制器输入电路概述

整车控制器的输入电路是指在电动汽车上直接为整车控制器提供车辆状态信息的传感器和控制开关等,通常也指与整车控制器之间的电气连接线路。整车控制器输入电路的主要作用是传递传感器产生的信号和开关信号。

传感器能够将整车状态信息如车速、部件工作温度、压力以及驾驶人对车辆的操作(如加速/制动踏板操作、换档操作)等物理信号转换为电信号并通过整车控制器输入电路传送至整车控制器,使得整车控制器能够实时监控整车状态,保证车辆正常运行,并对驾驶人操作进行解读,及时进行相应的控制从而满足驾驶人对车辆的操控需求。

3.1.2　整车控制器主要输入信号

采用不同类型动力源、不同动力结构的车辆应用到的传感器有所不同,且整车各个子控制系统通常存在相应的部件控制器,一些相关的传感器信号将会直接传递至部件控制器,如电动汽车电机控制器直接接收电机转速传感器信号、温度传感器信号等。因此作为协调整车控制系统的整车控制器,其输入电路并非包含整车所有传感器信号。

根据整车控制器功能可知整车控制器需要的输入信号有很多,如根据整车控制器的驾驶人意图解析功能,可知整车控制器需要获取驾驶人对车辆的相关操作,即车辆加速/制动踏板信号、档位信号等。下面以北汽 EV160 纯电动汽车为例,具体介绍其整车控制器主要输入信号。

北汽 EV160 纯电动汽车整车控制器原理图如图 3-1-1 所示，作为整车控制器输入信号的传感器信号主要有加速踏板位置信号、制动踏板开关信号、档位信号、蓄电池故障信号、快充/慢充连接确认信号、安全气囊碰撞信号、真空压力信号、制动能量回收增/减少信号等。

输入信号（从VCU向外）：制动灯信号、负极继电器控制信号、高低压互锁信号、仪表充电指示灯、车速信号（至EPS）、安全带指示灯、快充正极继电器、快充负极继电器、DC/DC使能信号、风扇继电器高速、风扇继电器低速、倒车灯继电器、水泵继电器、空调/暖风继电器、真空泵控制信号

输入信号（向VCU输入）：加速踏板位置信号、制动踏板开关信号、档位信号、蓄电池故障信号、快充连接确认信号、慢充连接确认信号、安全气囊碰撞信号、真空压力信号、制动能量回收增加信号、制动能量回收减少信号

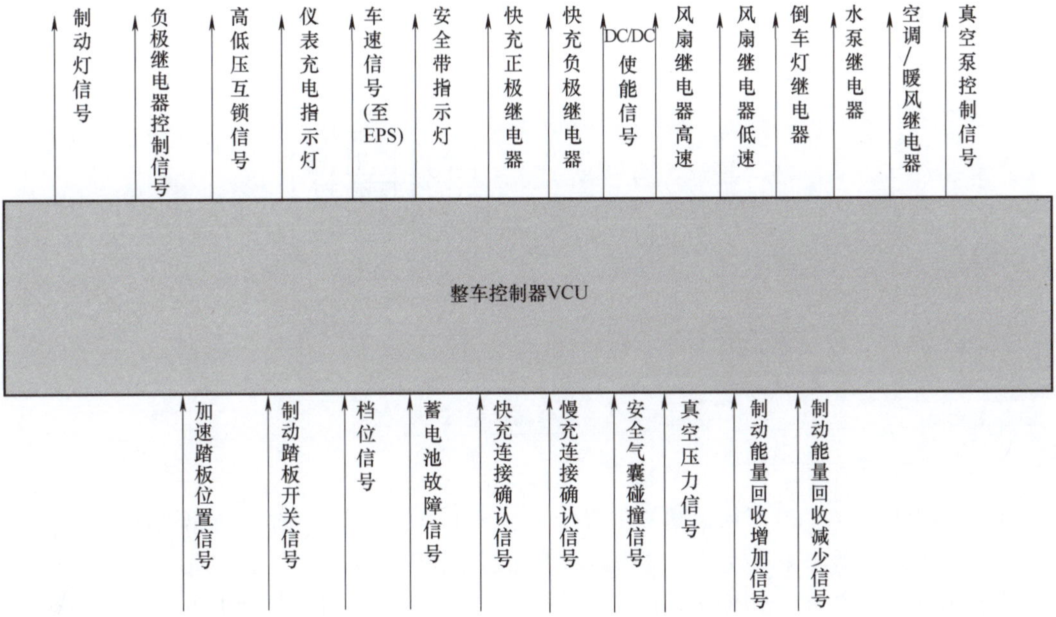

图 3-1-1 北汽 EV160 整车控制器原理图

根据整车控制器功能可以对以上传感器信号进行分类。踏板信号（加速踏板位置信号和制动踏板开关信号）用于驾驶人意图解析功能，通过这两个信号整车控制器能够获知驾驶人对车辆动力的需求是加速、减速还是滑行，是否急加速或进行紧急制动等；踏板信号可以用于车辆驱动控制，整车控制器通过当前车速及加速踏板位置可以计算当前车辆运行的驱动力需求；档位信号反应驾驶人的换档需求，整车控制器据此进行换档控制并在仪表盘上显示档位信息；蓄电池故障信号来自 DC/DC 变换器，反应低压蓄电池有没有故障，若有故障整车控制器发送给仪表盘进行故障显示；快充/慢充连接确认信号可以用于车辆的充电过程控制，当整车控制器检测到充电连接确认信号后，将控制车辆进入充电工作状态，整车控制器也将进行充电过程的监控；安全气囊碰撞信号来自车辆碰撞传感器，当车辆发生碰撞时，为保证乘客安全，整车控制器会控制高压系统断电；真空压力信号可以用于车辆电动辅助系统管理，通过此信号整车控制器可以对真空助力系统中的真空罐压力进行监测和控制；制动能量回收增加/减少信号来自 E＋、E－按键，整车控制器据此控制信号进行制动能量回馈强度的控制。

3.1.3 整车控制器输入信号

整车控制器输入电路的部分传感器信号和开关信号如下：

1. 霍尔式加速踏板位置传感器信号

加速踏板位置传感器能够将加速踏板位置及变换速率信号传递给整车控制器，其信号通常为线性信号。常见的加速踏板位置传感器类型主要有电位计式和霍尔式，如图 3-1-2 所

示。电位计式属于接触式传感器，采用可变电阻分压原理；霍尔元件式属于非接触式传感器，采用霍尔效应原理，无接触磨损，工作可靠。电位计式直接输出线性信号给整车控制器，而霍尔式则需要通过信号转换电路将输出信号转换为线性信号。

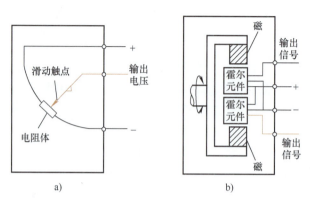

图 3-1-2 加速踏板位置传感器
a）电位计式 b）霍尔式

北汽 EV160 纯电动汽车加速踏板位置传感器采用霍尔效应原理，其内部结构如图 3-1-3 所示。当驾驶人踩下加速踏板时，磁铁会随着加速踏板轴转动，穿过霍尔元件的磁场强度发生变化，霍尔元件中输出相应的霍尔电压信号，该电压信号经过信号转换电路处理后发送给整车控制器，如图 3-1-4 所示。

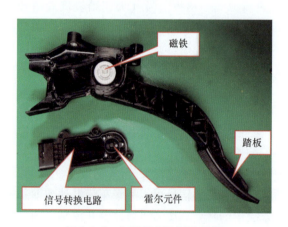

图 3-1-3 加速踏板位置传感器

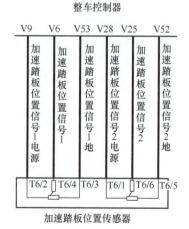

图 3-1-4 加速踏板位置传感器输入电路

采用两个加速踏板位置传感器的作用是便于整车控制器监测信号和保证信号的准确性，避免当一个传感器信号失效时车辆行驶出现故障。从控制角度上讲，使用一个传感器就可以使系统正常运转，但冗余设计可以使两个传感器相互检测，当一个传感器发生故障时能及时被识别，在很大程度上增加了系统的可靠性，保证行车的安全性。北汽 EV160 的加速踏板位置传感器信号波形如图 3-1-5 所示，由图可以看出，两路霍尔信号经过信号转换电路后变为线性信号，且其中一路信号的幅值为另一路信号幅值的 2 倍。

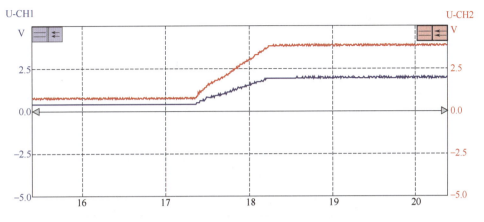

图 3-1-5 加速踏板位置传感器信号

2. 制动踏板开关信号

北汽 EV160 纯电动汽车的制动踏板开关,如图 3-1-6 所示,制动踏板位置决定了制动踏板开关触点的状态。制动踏板开关的主要作用是将驾驶人对制动踏板的动作转换为电信号传递至整车控制器,整车控制器据此解析驾驶人意图并控制制动灯工作。

图 3-1-6 制动踏板开关

制动踏板开关原理图如图 3-1-7 所示,当驾驶人踩下制动踏板后,无论车辆起动开关处于何档位,制动灯都将点亮;当车辆正常行驶时,整车控制器接收到制动踏板开关信号后,将进行制动能量回收控制。

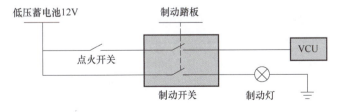

图 3-1-7 制动踏板开关原理图

3. 快充/慢充连接确认信号

整车充电有慢充和快充两种状态。北汽 EV160 纯电动汽车的充电唤醒机制如图 3-1-8 所示。

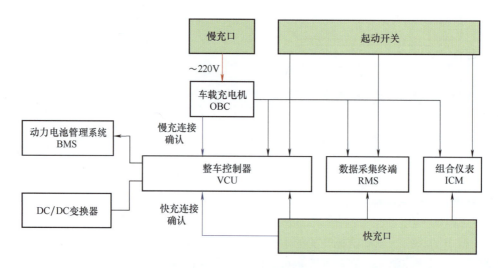

图 3-1-8　充电唤醒机制

1）当插上慢充枪时，车载充电机根据慢充口上的 CC 连接信号，确认慢充枪已经插好，之后产生慢充连接确认信号给 VCU，同时产生慢充唤醒信号给 VCU、数据采集终端 RMS 和组合仪表 ICM（仪表上充电连接标志开始闪烁）。VCU 收到慢充连接确认信号后，若符合充电条件，便向 BMS 发出唤醒信号（同时向 DC/DC 变换器发出使能信号），VCU 控制动力电池内部总负继电器闭合，BMS 控制动力电池内部总正继电器闭合，车载充电机开始向动力电池充电，同时 DC/DC 变换器向低压蓄电池充电。

2）插上快充枪时，快充口产生快充连接确认信号给 VCU，同时产生快充唤醒信号给 VCU、数据采集终端 RMS 和组合仪表 ICM（仪表上充电连接标志开始闪烁）。VCU 收到快充连接确认信号后，若符合充电条件，便向 BMS 发出唤醒信号（同时向 DC/DC 变换器发出使能信号），VCU 控制动力电池内部总负继电器闭合，BMS 控制动力电池内部总正继电器闭合，VCU 同时控制高压控制盒中的快充+继电器和快充-继电器闭合，外部充电机开始向动力电池充电，同时 DC/DC 变转器向低压蓄电池充电。

充电过程中，VCU 实时监控充电过程，若有异常情况便紧急停止充电。

4. 档位信号

北汽 EV160 纯电动汽车采用旋钮式电子换档器，如图 3-1-9 所示，该换档旋钮上设置有四个档位：倒位（R）、空位（N）、前进位（D）、经济模式（E），当驾驶人进行档位操作后，换档旋钮上相应的档位指示灯将点亮，同时显示仪表也将给出当前档位信息。档位信号同时也进入整车控制器中，整车控制器将根据当前档位进行相应行驶模式切换控制。换档信号的输入电路如图 3-1-10 所示。

电子换档器内部采用光电式结构，在不同档位时输出不同的 B2、B3、B4、B5 组合信号给整车控制器，整车控制器根据组合信号的不同辨别目前旋钮的位置，见表 3-1-1。

图 3-1-9　旋钮式电子换档器

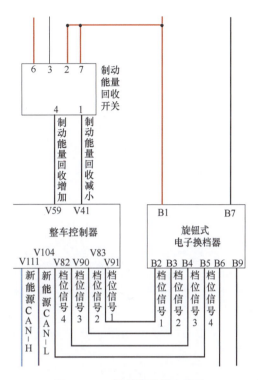

图 3-1-10　换档信号输入电路

表 3-1-1　档位与输出信号的关系

	E	R	N	D
B2	0.3V	4.8V	4.8V	0.3V
B3	4.8V	4.8V	0.3V	4.8V
B4	4.8V	0.3V	03V	0.3V
B5	0.3V	0.3V	4.8V	4.8V

电动汽车普遍采用的制动能量回馈技术，虽然能够提高整车续驶里程及运行效率，但其也在一定程度上影响了车辆的制动性能。为了保证车辆的制动性能同时兼顾经济性能，北汽EV160 纯电动汽车将制动能量回馈功能与正常的驱动行驶功能分离，这一分离体现在换档旋钮上的前进档 D 位和经济模式 E 位，这样使得驾驶人能够根据车辆状态自主选择车辆的运行模式。当动力电池电量充足时，驾驶人可以通过选择 D 位来获取较好的整车动力性能；当动力电池电量不足或车辆长时间行驶在频繁制动的路况下时，驾驶人可以选择 E 位，利用制动能量回馈获取较好的整车经济性能。在 D 位时，车辆可以进行制动能量回收，但不能调节制动能量的回馈强度。而只有在 E 位下，整车控制器才能根据制动能量回收的增加和减少信号，进行制动能量回馈强度的调节。

5. 真空压力信号

与传统汽车类似，北汽 EV160 纯电动汽车的制动系统采用电动真空助力系统进行制动助力。电动真空助力系统如图 3-1-11 所示，其中与整车控制系统相关的部件主要有压力传感器和电动真空助力泵。在电动真空助力系统中，安装在真空罐上的真空压力传感器将真空压力信号传送至整车控制器，来实现控制器对真空罐内真空度的调节；真空罐内的真空环境和外界大气压产生的压力差能够通过真空助力器为制动主缸活塞的动作进行助力；单向阀用来保持真空罐内压力的恒定，防止压力外泄；电子控制模块用来进行传感器与控制器、控制器与电动真空泵之间的信号传递；压力报警器用来检测真空罐内的压力，当真空罐内的压力过低时，会通过控制器及显示仪表进行报警，提醒驾驶人检查制动系统故障。电动真空泵的电路控制如图3-1-12所示，真空压力传感器由整车控制器供电，其信号直接传送给整车控制器。

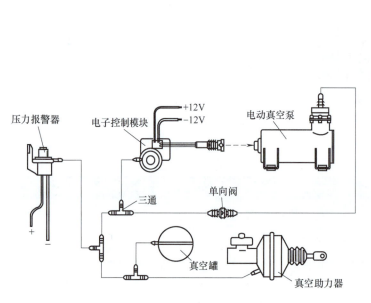

图 3-1-11　电动真空助力系统

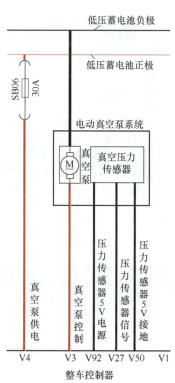

图 3-1-12　电动真空泵的电路控制

3.1.4　整车控制器输入电路测试的内容及方法

在北汽EV160纯电动汽车上，整车控制器及相关传感器大多采用了低压供电，因此输入电路测试以整车低压供电系统为主要对象。测试时，首先应检查蓄电池状态，然后根据整车电气原理图，逐一进行测试。在车辆出故障时，还应先利用诊断仪读取故障码，缩小故障点范围，以便快速检测出故障点。下面介绍蓄电池及输入电路的常见故障及测试方法。

1. 蓄电池状态检测方法

蓄电池检查的状态主要包括确定蓄电池壳体是否损坏、蓄电池电极（蓄电池导线接头）是否受损、蓄电池固定是否牢固以及蓄电池电量状态。蓄电池壳体损坏会导致酸液流出，流出的蓄电池酸液会对车辆造成严重损坏。如有此现象发生应迅速用电解液稀释剂或肥皂液处理被电解液所接触的汽车零部件；蓄电池电极损坏，将无法保证蓄电池接线端子接触良好；蓄电池若在车辆上固定不牢固，则有在车辆运行过程中蓄电池发生振荡的情况，将会缩短蓄电池的使用寿命，导致栅格损坏，固定卡子损坏蓄电池壳体等故障。蓄电池电量充足是整车低压供电系统正常工作的保证。

2. 输入电路测试方法

整车控制器输入电路异常产生的主要原因多为相关传感器故障，但也不排除信号线路故障。而传感器故障又可以分为传感器功能故障和供电线路故障，因此在进行整车控制器输入电路异常的检查时，主要检测内容就有信号线路故障、传感器供电故障及传感器功能故障三部分。

（1）信号线路故障　通常指传感器或开关信号传输线故障，产生的原因主要有信号线路断路、插接件松动等，这种故障下，传感器功能完好，只是由于线路问题导致整车控制器无法正常接收信号，因此检测时主要测试信号线路通断与否，以及相关插接件是否牢固。

（2）传感器供电故障　主要指传感器供电回路故障，由于传感器一般为低压供电，因此这种故障下，首先应测试低压供电电源电压是否正常，在低压供电电源电压正常的情况下，再测试供电回路通断及插接件安装是否牢固。

（3）传感器功能故障　产生的原因可能是车辆运行过程中的颠簸和振动导致的传感器的损坏，这种故障下，主要测试传感器信号输出端是否有信号输出，以及输出信号是否正常。在实际整车控制系统输入电路的检修过程中，通常需借助故障诊断仪来缩小故障点范围。实际检修过程的具体步骤如下：

1）首先使用诊断仪读取故障码，初步确定故障点，指明排查方向。
2）检查供电电路和搭铁电路是否正常。
3）检查信号线路是否有短路、断路或虚接情况。
4）如上述步骤无故障，更换传感器。

3.1.5　霍尔器件的原理及应用

霍尔器件是一种磁感器件，具有结构牢固、体积小、重量轻、寿命长、安装方便、功耗小、频率高、耐腐蚀等许多优点。霍尔器件通常用于有磁场存在的场合，它能够将诸多非电、非磁的物理量如力、力矩、压力、位置、位移、速度、加速度、转速等转变成电信号进行检测和控制。霍尔器件的工作原理是基于霍尔效应的，通常具有霍尔效应的元器件被称为霍尔元件。

1. 霍尔效应

如图 3-1-13 所示，在一块通电半导体薄

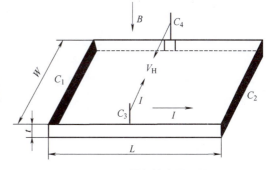

图 3-1-13　霍尔效应原理图

片上通上电流,在与薄片表面垂直方向施加磁场 B,薄片的横向两侧会产生一个电压 V_H,这种现象就是"霍尔效应",电压 V_H 称为霍尔电压。该现象是由科学家爱德文·霍尔于 1879 年发现的。

霍尔效应的产生,是由于通电半导体薄片中的载流子在磁场中受到洛仑兹力的作用,分别向薄片横向两侧偏移和积聚而形成一个电场,称作霍尔电场。霍尔电场产生的电场力与洛仑兹力相反,从而阻碍了载流子的继续堆积,直到霍尔电场力与洛仑兹力相等。此时,薄片两侧就建立起一个稳定的电压,即霍尔电压。

2. 霍尔元件

霍尔元件是指具有霍尔效应的元器件,多由半导体材料如 Ge、Si、InSb、GaAs 等,以及多层半导体异质结构量子材料制成,其输出特性根据半导体材料的不同而不同,例如由 InSb 和 GaAs 两种材料制成的霍尔元件的输出特性如图 3-1-14 所示。

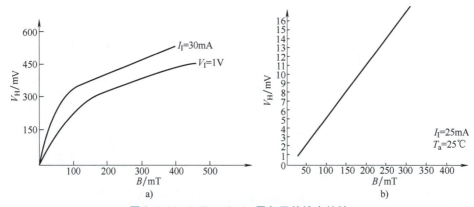

图 3-1-14　InSb、GaAs 霍尔元件输出特性

a) InSb 霍尔元件输出特性　b) GaAs 霍尔元件输出特性

3. 霍尔集成电路

霍尔集成电路是将霍尔元件与相关的信号处理电路集成在一个芯片上的集成电路,按其输出信号类型可分为霍尔线性电路和霍尔开关电路两类。

(1) 霍尔线性电路　一般由霍尔元件、差分放大器和射极跟随器组成,其输入电压和加在霍尔元件上的磁感应强度 B 成比例,其电路简图与输出特性如图 3-1-15 所示。霍尔线性电路具有灵敏度高和线性度好的特点,适用于各种磁场的检测。

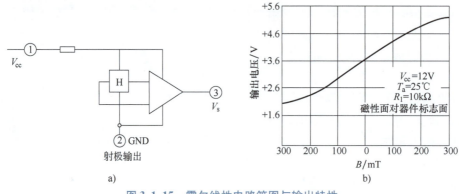

图 3-1-15　霍尔线性电路简图与输出特性

a) 霍尔线性电路简图　b) 霍尔线性电路输出特性

（2）霍尔开关电路　又称霍尔数字电路，一般由霍尔元件、稳压器、差分放大器、施密特触发器和输出极组成。霍尔开关电路通过施密特触发器的导通阈值进行输出控制。当外磁场磁感应强度超过导通阈值上限时，霍尔电路输出低电平，此时磁感应强度再增加，电路仍保持导通状态；当外磁场磁感应强度低于导通阈值下限时，霍尔电路输出高电平。一般称导通阈值上限与下限的差别为回差，回差的存在使得开关电路的抗干扰能力增强。霍尔开关电路简图及其输出特性如图3-1-16所示。

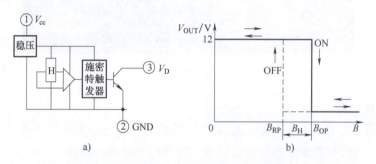

图 3-1-16　霍尔开关电路简图及其输出特性
a）霍尔开关电路简图　b）霍尔开关电路输出特性

3.1.6　加速踏板位置传感器故障分析

1. 故障现象

北汽EV160纯电动汽车某驾驶人在为车辆进行慢充充电操作后，发现汽车仪表盘上部有闪烁提示"车辆进入跛行状态"，仪表盘下部跛行指示灯及系统故障灯点亮，提示系统存在二级故障，如图3-1-17所示。

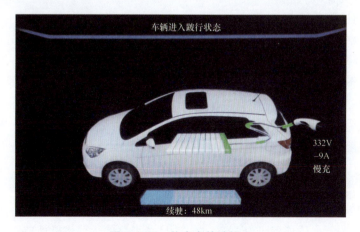

图 3-1-17　仪表盘故障提示

驾驶人打开起动开关，上述现象仍然存在；驾驶人按正常流程起动车辆后，发现车辆只能够低速行驶，无法加速。车速维持在15km/h左右，如图3-1-18所示。

图 3-1-18 车辆低速跛行

2. 故障诊断过程

(1) 安全提示 整车控制器输入电路属低压系统,在进行故障检修时,无须高压下电,但是需要注意在进行操作前穿戴好防护设备,操作时不碰触高压线束,必要时进行低压系统下电,搭铁测试时关闭起动开关。操作需严格按照作业流程进行。

(2) 读取故障码 为了缩小故障点排查范围,首先需要利用故障诊断仪读取车辆故障码,具体操作步骤如下:

1) 打开车门。
2) 安装脚垫。
3) 安装转向盘套。
4) 安装座椅套。
5) 起动开关置于 OFF 位。
6) 将故障诊断仪连接端子一头插在车辆故障诊断接口上。
7) 将端子另一头插在故障诊断仪计算机上。
8) 将起动开关置 ON 位。
9) 运行故障诊断软件。
10) 选择车型北汽 EV160 纯电动汽车。
11) 选择系统。
12) 选择整车控制器。
13) 读取故障码。

通过读取故障码,发现诊断软件上显示有两个故障,分别为:故障码 P060D1C-加速踏板信号错误;故障码 P060D64-加速踏板信号校验错误,如图 3-1-19 所示。

经过清除故障码和再次读取故障码后,发现车辆仍存在上图中的故障,此时可以初步确定加速踏板位置传感器或相关线路存在故障。

北汽 EV160 纯电动汽车的加速踏板位置传感器插头如图 3-1-20 所示,端子从左依次编号 1~6,1、2 号端子接传感器供电电路;3、5 号端子接传感器搭铁电路;4、6 号端子为传感器信号。

(3) 动态测试 在确定故障点为加速踏板信号故障后,应首先对加速踏板位置传感器进行动态测试,测试传感器输出信号是否正常,具体操作步骤如下:

图 3-1-19 故障码

1）将起动开关置 ON 位。

2）进入故障诊断系统，选择整车控制器，读取加速踏板位置数据流。

3）当踩下并松开加速踏板，发现加速踏板位置值会增加和减小，说明至少有一路加速踏板位置传感器信号正常。

4）用两根探针从插头 T6 后部分别刺入 4 号、6 号端子。

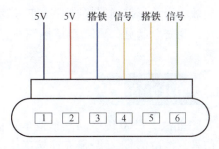

图 3-1-20 加速踏板位置传感器插头端子

5）用 FSA740 双通道示波器观察加速踏板位置传感器两路信号，当踩下加速踏板时，发现只有 6 号端子输出信号正常，4 号端子没有信号输出。

（4）静态测试 对于缺失的一路信号，为了确定其失效原因是传感器硬件故障还是传感器供电故障，需要进行静态测试。静态测试包括供电电路测试和搭铁电路测试，具体操作步骤如下：

1）将起动开关置 OFF 位。

2）拔下加速踏板位置传感器插头。

3）将起动开关置 ON 位。

4）用万用表检测加速踏板位置传感器插头 T6 上的 1 号端子与搭铁之间的电压，万用表显示 5V 电压。

5）用万用表检测加速踏板位置传感器插头 T6 上的 2 号端子与搭铁之间的电压，万用表显示 5V 电压，说明传感器供电电路正常。

6）将起动开关置 OFF 位。

7）用万用表检测加速踏板位置传感器插头 T6 上的 3 号端子与搭铁之间的电阻，万用表显示为 1Ω 左右。

8）用万用表检测加速踏板位置传感器插头 T6 上的 5 号端子与搭铁之间的电阻，万用表显示为1Ω左右，说明传感器搭铁电路正常。

通过静态测试，加速踏板位置传感器的供电电路与搭铁电路均正常，由此可以确定故障产生的原因是传感器硬件故障。

（5）故障修复　对于传感器硬件故障，通常采用的修复方法是进行加速踏板总成的更换。北汽EV160加速踏板总成由四个螺栓固定于车身上。进行更换时，首先拔下传感器插头，然后依次拆下紧固螺栓，最后换上新的加速踏板总成。

（6）试车　加速踏板总成更换完成后，重新连接故障诊断仪，打开起动开关，显示仪表无故障提示；利用故障诊断软件重新读取故障码、清除故障码、再次读取故障码，能够观察到加速踏板相关故障码已消除；最后驾驶车辆行驶，车辆的加速性能良好。

3. 故障分析

加速踏板失效后，整车控制器未能接收到加速踏板位置信号，无法对驾驶人的驾驶意图进行解读，为了保证行驶安全，并使驾驶人能够将车辆行驶至维修处，整车控制器将控制车辆低速运行。

通过上面的故障诊断得知，霍尔式加速踏板位置传感器中有一路信号损坏，导致校验信号失效。当整车控制器接收不到加速踏板位置传感器校验信号时，无法判断另一路信号的正确性，为安全起见，VCU直接控制车辆进入跛行状态，并通过仪表盘提示驾驶人及时维修车辆。

单元小结

1. 北汽EV160纯电动汽车整车控制器输入信号主要有加速踏板位置信号、制动踏板开关信号、档位信号、快/慢充连接确认信号、真空压力信号等。

2. 电位计式踏板位置传感器直接输出线性信号给整车控制器，而霍尔式则需要通过信号转换电路将输出信号转换为线性信号。

3. 制动开关：当驾驶人踩下制动踏板后，无论车辆起动开关处于何档位，制动灯都将点亮；当车辆正常行驶时，整车控制器接收到制动踏板开关信号后，将进行制动能量回收控制。

4. 整车控制器输入电路属于低压系统电路，在进行故障检修时，无须高压下电，但是需要注意在进行操作前穿戴好防护设备，操作时不碰触高压线束，搭铁测试时须关闭起动开关。

5. 当整车控制器接收不到加速踏板位置传感器校验信号时，对传感器输出的单独一路信号不再信任，直接控制车辆进入跛行状态，并通过仪表盘提示驾驶人及时维修车辆。

任务工单 3.1

任务名称	输入电路异常的检测与修复	学时	4	班级	
学生姓名		学生学号		任务成绩	
实训设备	北汽 EV160 纯电动汽车实训车辆 4 辆、故障诊断仪 4 个、FSA740 示波器 2 台、车辆防护套装 4 套	实训场地	理实一体化教室	日期	
实训任务描述	北汽 EV160 纯电动汽车某驾驶人在为车辆进行慢充充电操作后,发现汽车仪表盘上部有闪烁提示"车辆进入跛行状态",仪表盘下部跛行指示灯及系统故障灯点亮,提示系统存在二级故障。请按照正确规范的操作流程进行故障诊断				
任务目的	以故障为导向,引导学生制订计划,按照流程进行输入电路故障分析、故障点排查与修复。				

一、资讯

1. 整车控制器输入电路的主要作用是_____。
2. 传感器能够将整车状态信息如_____、_____、_____、_____等物理信号转换为_____信号。
3. 为了实现驾驶人意图解析功能,整车控制器需要获取_____信号、_____信号和_____信号。
4. 北汽 EV160 纯电动汽车整车控制器的输入信号主要有_____信号、_____信号、_____信号、_____信号、_____信号、_____信号、_____信号等。
5. 常见的加速踏板位置传感器类型主要有_____和_____。
6. 制动踏板开关的主要作用是_____传递至整车控制器。
7. 真空压力传感器的作用是_____。
8. 整车控制器输入电路异常的检测内容主要有_____、_____及_____。
9. 标注北汽 EV160 纯电动汽车加速踏板传感器各端子:

| 1 | 2 | 3 | 4 | 5 | 6 |

二、计划与决策

请根据实训任务要求,确定实践操作所需要的资料及用具,小组成员通过分工合作完成实训任务。

1. 需要的资料及用具

2. 小组成员分工

3. 故障点排查与修复流程设计

三、实施
1. 观察故障现象记录故障现象：
_____。
2. 读取故障码
记录读取的故障码：_____。
3. 动态测试
1）起动开关置 ON 位，用故障诊断仪读取加速踏板位置数据流，当踩下加速踏板时，加速踏板位置数据如何变化：_____。
2）用 FSA740 双通道示波器观察两路踏板位置信号，观察结果：_____。
4. 静态测试。
1）电源检测。供电电路测试结果：端子_____与搭铁之间的电压为_____；端子_____与搭铁之间的电压为_____。
2）搭铁检测。搭铁电路测试结果：端子_____与搭铁之间的电阻为_____；端子_____与搭铁之间的电阻为_____。
5. 检测结果
根据上述检测，故障原因是：_____。
6. 排除故障后用 FSA740 测量加速踏板传感器的两路信号，并绘制在下面。

四、检查
完成操作后，对自己的操作过程做如下检查：
1. 是否注意操作前的安全事项：_____。
2. 是否按照正确流程进行操作：_____。
3. 是否正确使用测试仪器和工具：_____。

4. 是否检测出故障点：_____。

5. 试车后故障现象是否消失：_____。

五、评估

1. 请根据自己任务完成的情况，对自己的工作进行自我评估，并提出改进意见。

   1) _____

   _____

   2) _____

   _____

2. 工单成绩（总分为自我评价、组长评价和教师评价得分值的平均值）

自我评价	组长评价	教师评价	总分

 学习单元 3.2　输出电路异常的检测与修复

 任务导入

假如你是北汽新能源 4S 店一名车辆维修人员，某待维修车辆出现倒车影像与倒车雷达失效，请你对该故障进行排查和修复。

 学习目标

1. 能通过与客户交流和查阅相关维修技术资料获取车辆信息。
2. 能独立制订工作计划并按计划实施。
3. 能正确分析整车控制器输出电路相关信号。
4. 能正确对整车控制器输出电路进行检测和故障诊断。
5. 能遵守个人和车间安全作业要求，注重个人安全防护。
6. 能正确地检查工作结果并进行自我评估。

 理论知识

3.2.1　整车控制器输出电路概述

整车控制器的输出电路主要由相应执行器和控制线路组成。控制线路连接了整车控制器和相关执行器，能够传递由整车控制器发出的用于控制相关执行器的控制信号。

所谓执行器就是指车辆上进行相关动作和操作以完成某种功能的机构，如电动真空泵、电动压缩机、驱动电机等，执行器的工作通常受控制器控制。

由于整车上存在众多子系统控制器，因此并非整车上所有的执行器都受到整车控制器控制。一般结构功能较为复杂的子系统都具有自己的控制器，如电动汽车上的电机控制器、空调控制器等，这些控制器通常能够独立控制其执行器进行工作；其他结构相对简单的系统，如真空助力制动系统、电机控制器冷却系统等，一般接受整车控制器直接控制。除进行相关执行器的控制外，整车控制器还需要完成整车工作模式的判定和各子系统功能的协调动作。以上功能的实现，都需要整车控制器输出电路功能保持完好。

3.2.2　整车控制器主要输出信号

下面以北汽 EV160 纯电动汽车为例具体介绍整车控制器的输出信号。

整车控制器 VCU 除了通过 CAN 总线进行整车协调控制之外，还直接控制制动信号灯、动力电池内部总负继电器、检测高低压互锁电路完整性、控制仪表盘充电指示灯、将车速信号传递给 EPS 控制器、控制安全带指示灯、控制快充正/负继电器、向 DC/DC 发出使能信号、控制冷却风扇运转、控制倒车灯继电器、控制冷却水泵继电器、控制空调/暖风继电器、控制真空泵等。

3.2.3 整车控制器输出电路原理

下面介绍部分整车控制器输出电路的工作原理。

1. 风扇继电器控制

风扇继电器控制原理图如图 3-2-1 所示。驱动电机中的电机温度传感器将驱动电机温度信号传送给电机控制器，电机控制器将温度信号通过新能源 CAN 发送给整车控制器 VCU。当电机温度较低时，整车控制器控制风扇继电器 1 和 2 线圈回路断电，两个冷却风扇不转动；当电机温度较高时，整车控制器控制风扇继电器 2 线圈通电、风扇继电器 1 线圈回路断电，两个冷却风扇低速转动；当电机温度高时，整车控制器控制风扇继电器 1 和 2 线圈回路均通电，两个冷却风扇高速转动。

2. 倒车灯继电器控制

倒车灯继电器控制原理图如图 3-2-2 所示。

倒车灯继电器的控制是根据档位信号中的 R 位进行判别的。当整车控制器接收到 R 位挂档信号后，V96 引脚输出低电平，继电器线圈通电，继电器吸合，倒车系统得到供电，倒车灯、倒车雷达、倒车影像等能够正常工作，从而保证驾驶人的倒车操作安全稳定的进行。

3. 水泵继电器控制

水泵继电器电路原理图如图 3-2-3 所示。

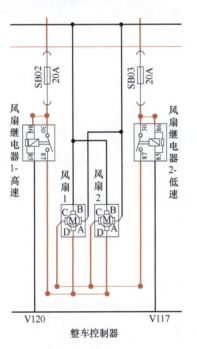

图 3-2-1 冷却风扇继电器控制原理图

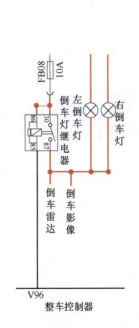

图 3-2-2 倒车灯继电器控制原理图

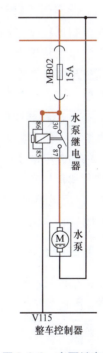

图 3-2-3 水泵继电器控制原理图

北汽 EV160 纯电动汽车中的冷却系统主要作用于驱动电机系统，为电机控制器和驱动电机进行冷却。车辆运行过程中，驱动电机系统尤其是电机控制器工作温度通常会高于环境温度，通过冷却液的流动可以较好地将电机控制器温度控制在正常工作温度范围内。水泵的作用就是使冷却液在冷却系统中循环。当需要对电机控制器和驱动电机冷却时，整车控制器控制V115引脚输出低电平，水泵继电器线圈通电，继电器吸合，水泵开始工作，冷却液在冷却系统中开始循环。

4. 空调系统继电器控制

空调系统继电器电路原理图如图3-2-4所示。空调系统继电器的控制是根据车辆操作面板上驾驶人对空调开关的操作进行的。当整车控制器接收到空调开关信号后，空调系统继电器吸合，为驱动空调压缩机的电机及空调控制器等设备供电。

5. 真空泵控制原理

如图3-1-12所示，电动真空泵的控制是通过压力传感器信号进行的。当整车控制器接收到压力传感器信号，判断出真空罐内的压力低于正常工作限值时，整车控制器V3引脚输出电源，控制电动真空泵工作，以维持真空罐的真空度，保证真空助力系统的正常工作。

真空助力系统的具体控制过程为：当驾驶人发动汽车时，12V电源接通，电子控制系统模块开始自检，如果真空罐内的真空度小于设定值，真空压力传感器输出相应的电压值至控制器，此时控制器控制电动真空泵开始工作，当真空度达到设定值后，真空压力传感器输出相应的电压值至控制器，此时控制器控制真空泵停止工作。当真空罐内的真空度因制动消耗，真空度小于设定值时，电动真空泵再次开始工作，如此循环。

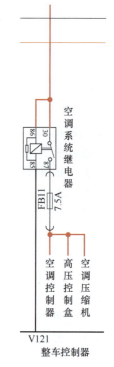

图3-2-4　空调系统继电器电路原理图

6. 其他执行器和唤醒功能的控制

负极继电器位于动力电池箱内，其作用是控制整车高压系统负极的通断。当整车控制器检测到车辆动力电池系统出现较严重的故障时，将及时控制负极继电器切断高压系统回路，以保护整车和乘员安全。

快充正/负极继电器位于高压控制盒内，当VCU检测符合快充条件时，控制快充正/负极继电器闭合，直流充电机向动力电池进行充电。

3.2.4　整车控制器输出电路检测方法

由于整车控制器硬件一般情况下不会出现故障，在正常情况下，其内置的控制程序也不会出现异常，因此整车控制器输出电路异常产生的主要原因为线路异常或执行机构功能异常。

对于整车控制器输出电路的检测，主要是对其输出信号线进行排查，其具体检测方法如下：

1）首先了解控制策略及失效模式，初步判断故障点。
2）利用故障诊断仪进行故障点确认。
3）查看终端插件是否有错针、退针、倒针等现象。
4）用万用表对故障点处的信号线通断进行检查，看是否与车身短接，是否与插接件内其他回路短接。

拓展阅读

3.2.5 新能源汽车使用安全

1. 安全事项

（1）车辆充电　交流电路和电源插座不允许使用外接转换接头，且应确保电源插座接地良好；不要把充电设备放在靠近加热器或其他热源的地方，建议将车辆停放在通风处；充电时，建议人员不要停留在车辆内；停止充电时应先断开交流充电连接装置的车辆插头，再断开电源端供电插头。

（2）电动车机舱注意事项　打开电动车机舱前，须将钥匙拧至 OFF 位；电动车机舱内部标有高压危险警示标的器件，严禁用手直接去触摸；车辆机舱内严禁喷水、冲洗；不要在雨中打开前机舱盖，以防止漏电。

2. 事故处理

新能源车辆发生涉及高压系统故障（包括碰撞、水淹等）时，请根据实际情况按照以下方法对车辆进行操作：

1）在有绝缘防护的条件下，打开车门。

2）整车退电至 OFF 位。

3）断开 12V 蓄电池负极。

4）拔下维修开关。

5）检查电池包是否受损、有无明显液体流出等，若有漏电、漏液，及时断开电池包直流母线或拆下电池包，要有专用的场地（或工位），并有防爆防火设施。

6）如因碰撞事故等致使车身变形且驾驶室有进水风险时，若受条件限制不能立即拆卸动力电池包，则需要用防水车衣保护车辆。

3. 车辆起火应急事项

1）若电池起火，只能用水灭火降温，用二氧化碳和干粉灭火无效。

2）若吸入浓烟，尽快转移至空旷场地，并及时就医。

3）关机，停车 5min 后，高压系统中的电才会完全消失。

4）如果必须处理高压线束或高压元件，请在作业前戴好高压绝缘手套。

5）必须在确保自身安全的前提下实施救援。

6）带有爆炸性质的事故不要随意施救，要带车内人员远离事故现场，同时严肃告诫事故现场人员不得随意走动，以免造成次生事故，扩大事故危害。

实践操作

3.2.6 电机冷却液温度过高故障诊断

1. 故障现象

车辆在运行一段时间后，显示仪表上的"电机冷却液温度过高"指示灯点亮，提示驾驶人车辆的驱动电机系统出现过热现象。

2. 故障诊断过程

（1）安全提示　进行故障诊断和修复时，应注意按照规范的操作流程操作，做好绝缘和下电工作，避免触电。

（2）读取故障码　在关闭起动开关的情况下，正确进行故障诊断仪与待维修车辆连接；将起动开关置于 ON 位，打开故障诊断软件，完成车型设置后，进行系统快速测试；通过测试，发现整车控制器系统存在故障，经过清除故障码和再次读取故障码，确认故障为"P100A13 低速风扇继电器驱动通道开路"，如图 3-2-5 所示。

图 3-2-5　低速风扇继电器故障码

（3）故障检测修复　关闭起动开关，打开机舱盖，拆下继电器盒盖，查看盒盖里面的标注，如图 3-2-6 所示。对应标注，在继电器盒中找到低速风扇继电器 ERY02，如图 3-2-7 所示，然后取下继电器。使用万用表测量继电器线圈电阻，检测电阻值为无穷大，则说明继电器线圈断路，需要进行更换。完成更换后，重新起动车辆并清除故障码。

（4）试车　重新进行车辆行驶测试，在经过长时间行驶运行后，车辆不再进行"电机冷却液温度过高"报警，说明故障修复。读取故障码，故障码不存在。

3. 故障分析

当车辆提示"电机冷却液温度过高"故障时，可能产生的故障原因较多，如驱动电机系统中的温度传感器故障、冷却系统管路阻塞、冷却风扇失效等，需要排查的范围较大，因此首先使用故障诊断仪缩小故障范围。当确定低速风扇继电器驱动通道开路后，首先应检查继电器是否损坏，然后再对其他故障点进行排查。

3.2.7　中控系统未显示倒车影像故障诊断

1. 故障现象

驾驶人在驾驶车辆过程中发现，当电子换档旋钮旋至 R 位后，显示仪表提示"雷达传感器故障"，如图 3-2-8 所示，且中控系统未显示倒车影像。

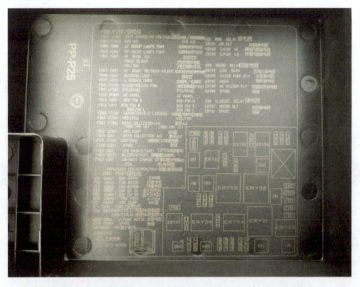

图 3-2-6 继电器盒盖标注

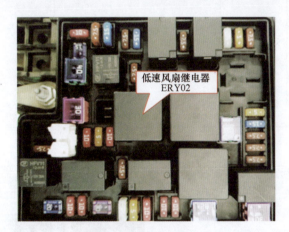

图 3-2-7 低速风扇继电器

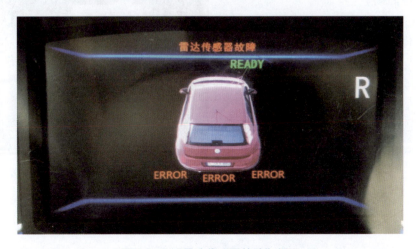

图 3-2-8 "雷达传感器故障"提示

2. 故障诊断过程

（1）安全提示　进行故障诊断和修复时，应注意按照规范的操作流程操作，做好绝缘和下电工作，避免触电。

（2）读取故障码　在关闭起动开关的情况下，正确进行故障诊断仪与待维修车辆连接；将起动开关置于 ON 位，打开故障诊断软件，完成车型设置后，进行系统快速测试；通过测试，发现整车控制器系统存在故障，经过清除故障码和再次读取故障码，确认故障为"P100513 倒车灯继电器驱动通道开路"，如图 3-2-9 所示。

图 3-2-9　倒车灯继电器故障码

（3）故障检测与修复　关闭起动开关，打开机舱盖，拆下继电器盒盖，根据盒盖里面的标注找到倒车灯相关控制元件 FB08，如图 3-2-10 所示，然后取下 FB08 熔丝。用万用表测量熔丝电阻，若为无穷大，则说明熔丝断路，需要进行更换。完成更换后，重新起动车辆并清除故障码。

（4）试车　重新进行车辆倒车测试，发现倒车影像和倒车雷达功能恢复，说明故障修复。

3. 故障分析

根据倒车灯继电器原理图可以知道，倒车灯继电器控制着倒车灯、倒车雷达及倒车影像的供电电源。当倒车灯继电器出现故障时，这三者将无法正常供电，从而导致功能失效。

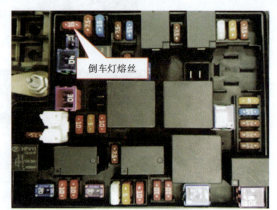

图 3-2-10　倒车灯熔丝位置

3.2.8　制动踏板突然失去助力故障诊断

1. 故障现象

驾驶人在连续几次踩下制动踏板后，制动踏板突然失去助力，且车辆显示仪表报警，系统故障灯点亮，指示二级故障，仪表上方提示车辆存在"制动系统故障"，如图3-2-11所示。

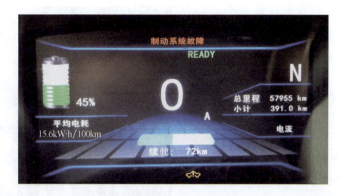

图 3-2-11　制动系统故障指示

2. 故障诊断过程

（1）安全提示　进行故障诊断和修复时，应注意按照规范的操作流程操作，做好绝缘和下电工作，避免触电。

（2）读取故障码　在关闭起动开关的情况下，正确进行故障诊断仪与待维修车辆连接；将起动开关置于ON位，未听见电动真空泵工作声音；打开故障诊断软件，完成车型设置后，进行系统快速测试；通过测试，发现整车控制器系统存在故障，经过清除故障码和再次读取故障码，确认故障为"C002192 制动助力系统低真空度故障""C004701 真空度传感器故障""C00217A 制动助力系统泄漏"，如图3-2-12所示。

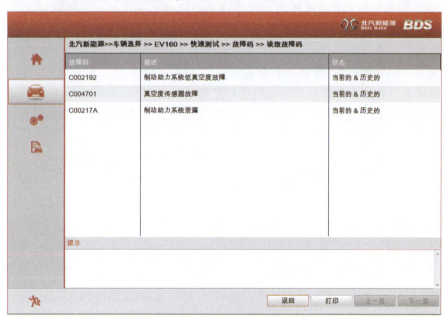

图 3-2-12　制动系统故障码

（3）故障检测与修复　分析故障现象：驾驶人明显感觉制动踏板失去助力，这说明助力系统真空度不足。引起真空度不足的原因可能是电动真空泵不工作、真空压力传感器失效、制动管路泄漏等；当真空泵不工作时，无论助力系统其他部件是否完好，都将出现此故障现象，首先检查真空泵电源电路。

关闭起动开关，打开机舱盖，拆下继电器盒盖，根据盒盖里面的标注找到真空泵控制熔丝SB06（30A），如图3-2-13所示，然后取下熔丝SB06。用万用表测量熔丝电阻，检测值为无穷大，则说明熔丝断路，需要进行更换。完成更换后，重新起动车辆并清除故障码。

（4）试车 重新进行车辆制动踏板测试，发现制动踏板助力恢复，且能听到电动真空泵工作声音，说明故障修复。

3. 故障分析

真空泵电源电路熔丝损坏后，整车控制器无法为真空泵提供电源，真空泵不能正常工作，制动系统无真空助力，制动踏板阻力增加。

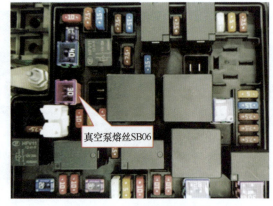

图 3-2-13　真空泵熔丝位置

1. 整车控制器需要完成整车工作模式的判定和各子系统功能的协调动作，即在特定工作模式下控制相关的子系统进行工作。

2. 负极继电器位于动力电池箱内，其作用是控制整车高压系统负极的通断。当整车控制器检测到车辆动力电池系统出现较严重的故障时，将及时控制负极继电器切断高压系统回路，以保护整车和乘员安全。

3. 快充正/负极继电器位于高压控制盒内，当VCU检测符合快充条件时，控制快充正/负极继电器闭合，直流充电机向动力电池进行充电。

4. 整车控制器输出电路异常产生的主要原因为线路异常或执行机构功能异常。

任务工单3.2

任务名称	输出电路异常的检测与修复	学时	4	班级	
学生姓名		学生学号		任务成绩	
实训设备	北汽EV160纯电动汽车4台、故障诊断仪4台、车辆防护套装4套	实训场地	理实一体化教室	日期	
实训任务描述	假如你是北汽新能源4S店一名车辆维修人员，某待维修车辆出现电机冷却液温度过高、倒车影像与倒车雷达失效，请你对该故障进行排查和修复				
任务目的	以行动为导向，引导学生制订计划，按照流程进行整车控制器输出电路故障的检测与修复				

一、资讯

1. 整车控制器输出电路主要由_____和_____组成。

2. 整车控制器 VCU 除了通过 CAN 总线进行整车协调控制之外，还直接控制制动信号灯、_____、检测高低压互锁电路完整性、控制仪表盘充电指示灯、将车速信号传递给 EPS 控制器、控制安全带指示灯、_____、向 DC/DC 发出使能信号、控制冷却风扇运转、控制倒车灯继电器、_____、控制空调/暖风继电器、控制真空泵等。

3. 驱动电机中的_____将驱动电机温度信号传送给电机控制器，电机控制器将温度信号通过新能源 CAN 发送给_____。

4. 北汽 EV160 纯电动汽车中的冷却系统主要作用于驱动电机系统，为_____和_____进行冷却。

5. 根据下图分析冷却风扇控制电路工作原理。

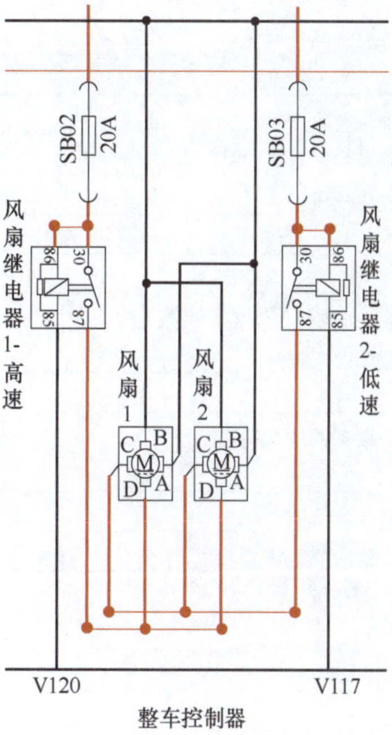

6. 倒车灯继电器同时控制_____、_____、_____的供电电路。
7. 负极继电器的作用是_____。

二、计划与决策

请根据实训任务要求，确定实践操作所需要的资料及用具，小组成员通过分工合作完成实训任务。

1. 需要的资料及用具

2. 小组成员分工

3. 实践操作流程设计

三、实施

1. 电机冷却液温度过高故障诊断
   1）故障现象描述：_____
   _____。

   2）读取到的故障码：_____
   _____。

   3）确认故障点：_____。
   4）采取的修复方式：_____。
   5）故障分析：_____
   _____。

2. 倒车影像与倒车雷达失效
   1）故障现象描述：_____
   _____。

   2）读取到的故障码：_____
   _____。

   3）确认故障点：_____。
   4）采取的修复方式：_____。
   5）故障分析：_____
   _____
   _____。

四、检查

完成操作后，对自己操作过程做如下检查：

1. 是否按照规范流程进行操作：_____。
2. 是否读取到故障码：_____。
3. 是否成功确认故障点：_____。
4. 是否成功修复故障：_____。
5. 车辆及现场是否恢复：_____。

五、评估

1. 请根据自己任务完成的情况，对自己的工作进行自我评估，并提出改进意见。

1) _____
_____
2) _____
_____

2. 工单成绩（总分为自我评价、组长评价和教师评价得分值的平均值）

自我评价	组长评价	教师评价	总分

学习单元 3.3　通信电路异常的检测与修复

假如你是北汽新能源 4S 店一名车辆维修人员，某待维修的车辆经故障诊断仪检测后，被指出控制器通信出现故障，请进行 CAN 总线电压波形读取。

1. 能通过与客户交流和查阅相关维修技术资料获取车辆信息。
2. 能独立制订工作计划并按计划实施。
3. 能正确分析整车 CAN 网络结构。
4. 能正确对 CAN 总线系统进行检测和故障诊断。
5. 能利用示波器对 CAN 总线波形进行分析。
6. 能遵守个人和车间安全作业要求，注重个人安全防护。
7. 能正确地检查工作结果并进行自我评估。

3.3.1　整车控制器通信电路概述

　　整车控制器的通信电路是指整车控制器与车辆上其他部件子系统如驱动电机系统、充电系统、电池管理系统等进行信息交换及控制指令传输的电路。根据整车控制器输入电路和输出电路可知，车辆上的众多传感器信号和开关信号并非全部直接输入到整车控制器，同样，车辆上的众多继电器和执行器也并非全部都直接受到整车控制器的控制。由于许多传感器和执行器是直接与车辆子系统控制部件连接的，因此，为了获取整车全部的状态信息和进行整车协调、优化控制，整车控制器需要与子系统之间进行信息的交换，而信息的交换就是通过通信电路进行的。

　　控制器通信多采用总线技术。总线技术是一种开放式、数字化、多点通信的底层控制网络，多应用于微机化测量控制设备之间数字通信。总线技术汇集了计算机技术、网络通信技术和自动控制技术等，从 20 世纪 80 年代开始发展起来，并逐步在制造业、交通、楼宇等方面的自动化系统中得到了广泛的重视和应用。现场总线主要有以下几种类型：基金会现场总线（FF）、LonWorks、ProfiBus、CAN 和 HART，而其中 CAN（Control Area Network）是控制器局域网络的简称，它由德国的 BOSCH 公司及几个半导体生产商开发的，CAN 总线是一种串行多主站控制器局域网总线。它具有很高的网络安全性、通信可靠性和实时性，简单实用，网络成本低，特别适用于汽车计算机控制系统和环境温度恶劣、电磁辐射强和振动大的工业环境。因此 CAN 总线在诸多总线中独占鳌头，逐渐成为汽车总线的代名词。

3.3.2 CAN 总线技术

1. CAN 总线网络的作用

应用于汽车上的 CAN 总线技术，其作用就是将整车中不同的控制器连接起来，实现信息的可靠共享，并减少整车线束数量。

2. CAN 总线网络的结构和数据传输原理

CAN 总线的通信类似于"会议"机制，但与其他类型总线一方主导的通信方式不同，CAN 总线采用了多主通信模式，即参与通信的每一方都可以自由进行会议议题的提出。CAN 总线局域网一般包括了节点、ID、报文和仲裁四部分内容，与会议相对应，其关系见表 3-3-1。

表 3-3-1 CAN 总线"会议"机制对应关系

会　　议	局　域　网
参会人员	节点
参会人员身份	ID
会议议题	报文
参会人员发言顺序裁定	仲裁

CAN 总线系统一般由 CAN 控制器和 CAN 收发器组成，如图 3-3-1 所示。

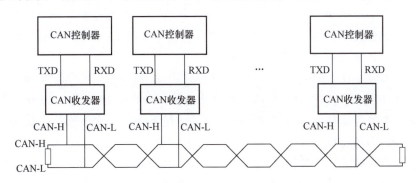

图 3-3-1 CAN 总线系统结构

CAN 收发器是用来接收和发送信息的部件，各 CAN 控制之间通过 CAN 收发器接收和发送相关信息。CAN 总线局域网网络层次结构可以分为目标层、传送层、物理层和应用层四个层。目标层主要用于信息识别，并为应用层提供接口；传送层主要用于总线仲裁、错误检测等；物理层规定了信号的传输过程中的电气特性（如传输方式及传输介质）及信号特性；应用层用于信号处理等。

CAN 总线系统中传输的数据为二进制的数字信息，每条信息的格式都是相同的，由开始域、状态域、空位、检查域、数据域、安全域、确认域和结束域 8 部分组成。当某个控制单元发出一条信息后，CAN 总线会将其传输给网络上的各个控制单元，而这些控制单元会有选择地接收。实际上，网络上所有控制单元都在不断往 CAN 总线上发送各种各样的信息，这就需要通过状态域的数值来区分优先权的大小，优先权大的先发送，以便重要信息能够及时地接收使用。同一控制单元发出的信息其状态域的数值即优先权也不完全相同，保证重要信息尽快接收；同一控制单元发出的信息其发送的频率也不完全相同，重要的信息发送频率高。

3. CAN 总线关键技术

CAN 总线规定了物理层和传送层的协议，其应用层的协议需要用户自己定义。支持 CAN 的芯片有很多，用户自己开发的应用层协议也有很多。因此，汽车 CAN 总线的研究重点是：针对具体的车型开发 ECU 的硬件和应用层的软件，并构建车内网络。

利用 CAN 总线构建一个车内网络，需要解决的关键技术问题有：

1）总线传输信息的速率、容量、优先等级、节点容量等技术问题。
2）高电磁干扰环境下的可靠数据传输。
3）确定最大传输时的延时大小。
4）网络的容错技术。
5）网络的监控和故障诊断功能。
6）实时控制网络的时间特性。
7）安装与维护中的布线。
8）网络节点的增加与软硬件更新（可扩展性）。

4. CAN 总线技术的特点和优点

与一般的通信总线相比，CAN 总线的数据通信具有突出的可靠性、实时性和灵活性，具体特点有：

1）具有较高的性价比。它结构简单，器件容易购置，每个节点的价格较低，而且开发过程中能充分利用现在的单片机开发工具。
2）是目前为止唯一有国际标准的现场总线。
3）为多主方式工作，网络上任一节点均可在任意时刻主动向网络上其他节点发送信息而不分主从，通信方式灵活，且无须站地址（指各网络节点的 IP 地址）等节点信息。
4）网络上的节点信息分成不同的优先级，可满足不同的实时要求，高优先级的数据最多可在 134μs 内得到传输。
5）采用非破坏性总线仲裁技术，当多个节点同时向总线发送信息时，优先级较低的节点会主动地退出发送，而最高优先级的节点不受影响地继续传输数据，从而大大节省了总线冲突仲裁时间，尤其是在网络负载很重的情况下也不会出现网络瘫痪的情况。
6）只需通过报文滤波即可实现点对点、一点对多点及全局广播等几种方式传送接收数据，无须专门的"调度"。
7）直接通信距离最远可 10km（速率 5kb/s 以下），通信速率最高可达 1Mb/s（此时通信距离最长为 40m）。
8）节点数主要取决于总线驱动电路，目前可达成 110 个。
9）采用短帧结构，传输时间短，受干扰概率低，具有极好的检错效果。
10）每帧信息都有 CRC 校验及其他检错措施，保证了数据，出错率极低。
11）通信介质可为双绞线、同轴电缆或光纤，选择灵活。
12）节点在错误严重的情况下具有自动关闭输出功能，以使总线上其他节点的操作不受影响。

3.3.3 CAN 总线在传统汽车上的应用

1. CAN 总线在传统汽车上的应用现状

目前，传统汽车上的网络连接方式主要采用两条 CAN 总线：1 条用于驱动系统的高速 CAN，速率达到 500 kb/s；另 1 条用于车身系统的低速 CAN，速率为 10～125kb/s。驱动系统的高速 CAN 的主要连接对象是驱动系统、ABS 制动防抱死系统、ASR 驱动防滑系统、组合仪表等，它们都是控制与汽车行驶直接相关的系统。车身系统的低速 CAN 的主要连接对象是 4 门以上的车的中控门锁与防盗控制开关、电动车窗、后视镜和车厢内照明灯等。有些高级轿车除了上述 2 条 CAN 总线外，还会有第 3 条 CAN 总线，它主要负责卫星导航及智能通信系统。驱动系统的高速 CAN 和车身系统的低速 CAN 这两条独立的总线之间没有联系，通过设置"网关"，在各个 CAN 之间搭桥，可以实现资源共享。此外，通过将各个数据总线的信息反馈到仪表盘总成的显示屏上，能够使驾驶人只要看仪表盘，就可以知道各个电控装置是否工作正常。

目前，支持 CAN 协议的有英特尔、摩托罗拉、惠普、西门子、MICROCHIP、NEC、SI-LIONI 等公司。欧洲大部分汽车制造商，如宝马、保时捷、劳斯莱斯、大众、沃尔沃、雷诺等都已经使用了 CAN 总线。奔驰公司生产的大部分轿车和载货汽车都使用基于 CAN 的发动机管理系统，它的传送速度为 500kb/s。国产的很多汽车上也引入了 CAN 总线技术，如大众途安、大众帕萨特、东风雪铁龙赛纳、东风标致 307、苏州金龙、一汽大众宝来、斯太尔王系列等车型。

2. CAN 总线技术在不同车型上的应用

具有 CAN 总线功能的控制器会增加整车成本，而低端的单线传输局部互联网络 LIN（Local Interconnect Network）和传统线束控制的布置在不同价位的汽车上也有各自的优势，特别是低价位但数量最多的经济型轿车领域，传统线束加入 CAN 总线的技术是最为符合成本要求和功能实现，所以不同价位的车型通常会具有不同比例的传统线束与不同比例的 LIN/CAN 总线。这样就有了几种不同的汽车网络的解决方案。

（1）高配置车型　动力系统使用 C-CAN（高速 CAN），车身控制使用低 B-CAN（低速 CAN）总线和 LIN 总线混合网络作为末端控制的混合网络，并加入 MOST 网络进行视听娱乐的控制。其特点是：功能强大，逻辑清晰合理，层次明显，数据传输的实时性更强。

（2）一般功能型轿车　将动力控制部分的发动机和变速器使用 B-CAN（低速 CAN）总线技术，同时也使用 B-CAN（低速 CAN）总线技术进行车身控制。将 LIN 总线作为底层的驱动控制。MOST 网络根据车型配置的需要决定是否添加。由于 MOST 网络是与整个车载其他网络相对独立的，所以此类轿车实际上只是修改了动力控制部分为 B-CAN（低速 CAN）网络。其特点是：符合车型的功能性与舒适性配置需要的同时又适当地降低了成本，只使用了一个 CAN 总线网络，又满足了功能再增加的裕量。

（3）经济型轿车　动力控制与车身控制全部在 B-CAN（低速 CAN）上，底层控制使用传统的线束或传统线束加部分 LIN 总线来实现。其特点是：最简配置的同时满足成本控制与扩充需要，增加整车的安全。

3.3.4 北汽 EV160 纯电动汽车 CAN 总线网络

北汽 EV160 纯电动汽车上的控制器通信采用了 CAN 总线技术，并根据新能源汽车各部件与传统汽车的区别，将 CAN 总线分为原车 CAN、新能源 CAN、快充 CAN 和刷程序 CAN。新能源 CAN 总线网络中进行实时通信的主要部件有整车控制器、空调压缩机控制器、电池管理系统 BMS、数据采集终端、车载充电机、电机控制器、高压控制盒、电动助力转向控制器、空调控制器等，其电路图如图 3-3-2 所示。原车 CAN 主要指车身 CAN，组合仪表和整车控制器之间就是通过原车 CAN 进行通信；快充口和 BMS 及数据采集终端 RMS 之间通过单独的快充 CAN 进行通信；另外，整车控制器的程序升级通过刷程序 CAN 进行通信。通过 CAN 总线网络的即时通信，整车控制器能够实时获取整车各个子系统的运行状态信息，并在需要的时候向相应部件控制器发出指令。

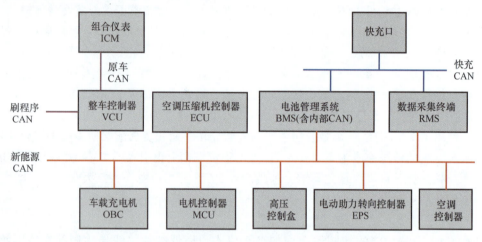

图 3-3-2　北汽 EV160 纯电动汽车 CAN 总线网络

3.3.5　通信电路的检修方法

CAN 总线通信电路常见故障除了极少发生的硬件故障外，主要以线路故障和插接件故障为主，硬件本身的故障可以通过更换新硬件来判定，线路和插接件故障需要借助万用表，按照 CAN 总线系统特点进行排查。

北汽 EV160 纯电动汽车的 CAN 总线系统的两个终端分别为电池管理系统（BMS）和车身控制器（VBU），两者均内嵌有一个 120Ω 的终端电阻，因此在蓄电池负极不接的情况下，CAN 总线网络的正常电阻值应为 60Ω，若发现 CAN 总线系统异常，则需先查看终端插接件 CAN-H 和 CAN-L 是否有错针、退针、倒针等现象；若插接件无故障，则在蓄电池负极不接的情况下，用万用表对任意一个含 CAN 插件的 CAN 线检查电阻，如非 60Ω，则逐一拔掉 CAN 插件，直至出现 60Ω 时，则刚拔下的插件或用电器存在问题；若仍没有查明原因，则查 CAN 对地是否短接，如果出现短接，可判断 CAN 线与屏蔽层短接，再拨开 CAN 屏蔽排查。

3.3.6　LIN 总线技术

1. 汽车总线技术

国际上众多知名汽车公司早在 20 世纪 80 年代就积极致力于汽车网络技术的研究及应

用，迄今为止，已有多种网络标准。目前存在的多种汽车网络标准，其侧重的功能有所不同，为方便研究和设计应用，SAE（Society of Automotive Engineers，汽车工程师协会）将汽车数据传输网划分为 A、B、C 三类，见表 3-3-2，D 类以上没有定义。一般的，把传输速率在 1Mb/s 以上的网络定义为 D 级网络。

表 3-3-2 SAE 汽车网络级别

特 性	A 类网络	B 类网络	C 类网络
传输速度/(kb/s)	小于 10	10～125	125～1000
信息传输延时/ms	小于 50	小于 20	小于 5
时钟离散度要求（%）	20	2	0.01
传输媒体（总线）	单线	单线	双绞线
信息优先权	有	有	有
容错能力	无	无	有

1）A 类网络是面向传感器/执行器控制的低速网络，主要应用于电动车窗、座椅调节器、灯光照明等控制。其典型应用是 LIN 总线网络。

2）B 类网络是面向独立模块间数据共享的中速网络。主要应用于车辆信息的传送，如汽车速度监测、故障诊断、仪表显示等系统。B 类网络在轻型车上应用的是 ISO11898——2003 标准，其传输速率在 100kb/s 左右；在载货汽车和大客车上应用的是 SAE 的 J1939 标准，其传输速率是 250kb/s。近年来，基于 ISO11519-2 的容错 CAN 总线标准在欧洲的各种车型中也开始得到广泛的使用，ISO11519-2 的"容错"低速 CAN 总线接口标准在轿车中正在得到普遍的应用，它的物理层比 ISO11898 要慢一些，同时成本也要高一些，但是它的故障检测能力却非常突出。与此同时，以往广泛适应于美国车型的 J1850 已经逐步被淘汰。

3）C 类网络是面向高速、实时闭环控制的多路传输网。主要用于车上实时控制系统之间数据的传输，如发动机控制、牵引控制和 ABS 等系统。

2. LIN 总线技术

LIN（Local Interconnect Network）是一种用于汽车中分布式电子系统的新型低成本串行通信网络，主要用于汽车中的分布式电子控制系统。LIN 总线采用单主机/多从机的总线拓扑结构（没有总线仲裁），仅使用一根 12V 信号总线。主节点包含主任务和从任务，从节点只包含从任务。它不需要专门的片上通信模块，采用标准串行通信接口 UART，速率可达 20kb/s，总线长度不大于 40m。LIN 总线作为一种辅助的总线网络，在不需要 CAN 总线的场合，相比于 CAN 总线具有更高的性价比。

LIN 规范包括 LIN 协议规范部分（说明 LIN 的物理层和数据链路层）、LIN 配置语言部分（说明 LIN 配置文件的格式）和 LIN API（网络与应用程序间的接口）部分。LIN 协议的通信机制和帧结构如图 3-3-3 所示，LIN 网络中的每个节点都有一个从任务模块，主节点还包含一个主任务模块。帧头由主任务发出，包括同步间隙、同步场和信息标识符。所有节点中的从任务（包括主节点）对信息标识符进行滤波，并发回数据场和校验场。

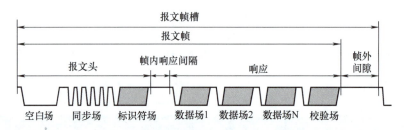

图 3-3-3　LIN 协议的通信机制和帧结构

3. LIN 总线技术在汽车中的应用

在汽车电子控制系统中广泛采用的基于 LIN 总线的解决方案主要有：

1）前照灯控制系统，控制对象为前照灯，通过操作前照灯开关控制远近光灯的切换；进行雾灯控制；调节照明系统背光等。前照灯开关设计为 LIN 网络的一个从节点，车身控制器为主节点。

2）车门控制系统，系统的控制对象包括车窗升降电机和后视镜控制部件。其中后视镜控制部件包括上下移动电机、进出移动电机、折叠电机；转向灯控制；除雾除霜加热器控制等。

3）座椅控制系统，系统的控制对象为座椅，可以调节靠背、坐垫的角度，记忆座椅位置，调节座椅纵向位置，进行座椅加热等。

4）转向盘控制系统，系统的控制对象主要为车载娱乐系统（收音机，导航，DVD 等），还可以通过与变速器控制器的通信进行档位变换。

5）车顶控制系统，系统的控制对象包括湿度传感器、光敏传感器、信号灯控制、天窗移动电机等。

LIN 总线最初的设计目的是用于汽车电子控制系统，但 LIN 总线协议的高可靠性使得 LIN 总线还可以广泛地应用于工业自动化产品中以及消费类电子产品中。

3.3.7　CAN 总线电压波形的观测

CAN 总线信号是以物理电平为载体传输的，信号使用差分电压传送，两条信号线被称为 CAN-H 和 CAN-L，物理电平直接决定了 CAN 总线信号能否正常传输，见表 3-3-3 和图 3-3-4 所示。

表 3-3-3　CAN 总线物理值和逻辑值

信号线	高速 CAN		低速 CAN	
	物理值/V	逻辑值	物理值/V	逻辑值
CAN-H	3.5	0（显性）	5.0	1（隐性）
CAN-L	2.5	1（隐性）	1.4	0（显性）
CAN-H	2.5	1（隐性）	3.6	0（显性）
CAN-L	1.5	0（显性）	0	1（隐性）

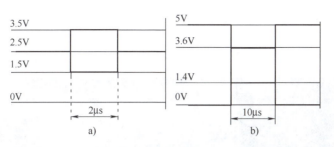

图 3-3-4 CAN 总线物理值和逻辑值
a) 高速 CAN b) 低速 CAN

CAN 总线信号是控制器通信内容的载体，其表现形式是一帧帧脉冲信号，每一帧信号中携带了不同的通信信息，可以利用示波器在实车上的控制器通信接口观察 CAN 总线上脉冲电压信号。下面以北汽 EV160 纯电动汽车为例，通过车载终端接口来检测新能源 CAN 总线电压波形，车载终端电路图如图 3-3-5 所示。

CAN 总线波形需要在车辆起动时进行观测，因为只有车辆低压系统上电后，整车控制器完成初始化后才开始与各部件控制器进行通信以获得整车状态信息；但是在进行相关的设备连接操作时，需关闭起动开关，以保证操作的安全。CAN 总线电压波形观测的具体步骤如下：

1）关闭起动开关，拔下车载终端通信插头，如图 3-3-6 所示。

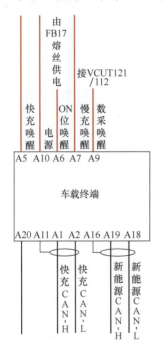

图 3-3-5 车载终端电路

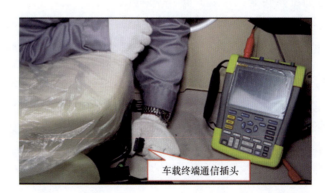

图 3-3-6 车载终端通信插头

2）将示波器探针分别插入车载终端插头的 A18、A19 孔内，检测 CAN-H 和 CAN-L 波形。

3）打开示波器。

4）将起动开关置于 ON 位。

5）观测新能源 CAN 波形是否输出（图 3-3-7 为检测的 CAN-L 波形）。

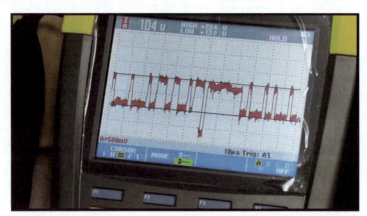

图 3-3-7　CAN 总线电压波形（CAN-L 波形）

6）关闭起动开关，关闭示波器，拔下示波器探针。

7）安装车载终端。

通过 CAN 波形可以明显地区分出每一帧的脉冲信号，但是信号所表示的内容，需要根据 CAN 总线协议及相关的释义才能获得。通过 CAN 总线电压波形可以判断车辆控制器通信是否正常。

1. 整车控制器的通信电路是指整车控制器与车辆上其他部件子系统如驱动电机系统、充电系统、电池管理系统等进行信息交换及控制指令传输的电路。

2. 应用于汽车上的 CAN 总线技术，其作用就是将整车中不同的控制器连接起来，实现信息的可靠共享，并减少整车线束数量。

3. CAN 总线系统一般由 CAN 控制器和 CAN 收发器组成。CAN 总线局域网网络层次结构可以分为目标层、传送层、物理层和应用层四个层。

4. 北汽 EV160 纯电动汽车上的控制器通信采用了 CAN 总线技术，并根据新能源汽车各部件与传统汽车的区别，将 CAN 总线分为原车 CAN、新能源 CAN、快充 CAN 和刷程序 CAN。

5. 北汽 EV160 纯电动汽车的 CAN 总线系统的两个终端分别为电池管理系统（BMS）和车身控制器（VBU），两者均内嵌有一个 120Ω 的终端电阻。

任务工单 3.3

任务名称	通信电路异常的检测与修复	学时	4	班级	
学生姓名		学生学号		任务成绩	
实训设备	北汽 EV160 纯电动汽车 4 台、示波器 4 台、插针导线 4 套	实训场地	理实一体化教室	日期	
实训任务描述	假如你是北汽新能源 4S 店一名车辆维修人员，某待维修的车辆经故障诊断仪检测后，发现控制器通信线路出现故障，请用示波器进行 CAN 总线电压波形的检测				
任务目的	以行动为导向，引导学生制订计划，按照流程进行电动汽车 CAN 总线电压波形的检测				

一、资讯

1. 应用于汽车上的 CAN 总线技术，其作用就是将整车中不同的_____连接起来，实现_____的可靠共享，并减少整车线束数量。
2. CAN 总线采用的通信模式为_____；CAN 总线局域网一般包括了_____、_____、_____、_____四部分内容。
3. CAN 总线系统一般由_____和_____组成。
4. 与一般的通信总线相比，CAN 总线的数据通信具有突出的_____、实时性和灵活性。
5. 汽车上的网络连接方式主要采用两条 CAN 总线：1 条用于_____的高速 CAN，速率达到_____；另 1 条用于_____的低速 CAN，速率大约是_____。
6. 北汽 EV160 纯电动汽车上的控制器通信采用了 CAN 总线技术，并根据新能源汽车各部件与传统汽车的区别，将 CAN 总线分为_____、_____、快充 CAN 和刷程序 CAN。
7. 在下图中标出车载终端通信引脚 A1、A2、A19、A18 的功能：

```
          快  ON  慢  数
          充  位  充  采
          唤  电  唤  唤
          醒  源  醒  醒
         A5 A10 A6 A7  A9
         ┌─────────────────┐
         │                 │
         │     车载终端     │
         │                 │
         └─────────────────┘
         A20 A11 A1 A2 A16 A19 A18
              │  │  │       │   │
              │  │  │       │   │
```

8. 新能源 CAN 总线网络中进行实时通信的主要部件有_____、空调压缩机控制器、电池管理系统 BMS、车载终端、_____、电机控制器、_____、电动助力转向控制器、空调控制器等。
9. 北汽 EV160 纯电动汽车的 CAN 总线系统的两个终端分别为_____和_____，两者均内嵌有一个_____Ω 的终端电阻。

117

二、计划与决策

请根据实训任务要求，确定实践操作所需要的资料及用具，小组成员通过分工合作完成实训任务。

1. 需要的资料及用具

2. 小组成员分工

3. 实践操作流程设计

三、实施

通过车载终端观测 CAN 总线电压波形：

1. 铺设三件套。
2. 打开车门，检查驻车制动是否拉起：_____（是/否）。
3. 拔下车载终端通信插头。
4. 起动开关置于 ON 位，观察仪表盘，车辆上电是否正常：_____（是/否）。
5. 使用示波器观测车载终端通信端上 CAN-H 和 CAN-L 电压波形，并画出波形。

6. 关闭起动开关，检测车载终端通信插头上 A19 与 A18 之间电阻：_____。
7. 插上车载终端通信插头。
8. 拆下三件套。

四、检查

完成操作后，对自己操作过程做如下检查：

1. 故障是否排除：_____。
2. 观察车辆仪表盘有无故障灯点亮：_____。
3. 场地及设备是否恢复：_____。

五、评估

1. 请根据自己任务完成的情况，对自己的工作进行自我评估，并提出改进意见。

1) _____

2) _____

2. 工单成绩（总分为自我评价、组长评价和教师评价得分值的平均值）

自我评价	组长评价	教师评价	总分

参 考 文 献

[1] 节能与新能源汽车技术路线图战略咨询委员会. 节能与新能源汽车技术路线图 [M]. 北京：机械工业出版社，2016.
[2] 朱军. 新能源汽车动力系统控制原理及应用 [M]. 上海：上海科学技术出版社，2013.
[3] 王志福. 电动汽车电驱动理论与设计 [M]. 北京：机械工业出版社，2017.
[4] 王震坡，孙逢春，刘鹏. 电动汽车原理与应用技术 [M]. 北京：机械工业出版社，2016.
[5] 宁德发. 电动汽车结构·原理·检测·维修 [M]. 北京：化学工业出版社，2016.
[6] 吴兴敏，高元伟，金艳秋. 新能源汽车 [M]. 北京：化学工业出版社，2017.
[7] 蔡兴旺. 新能源汽车结构与维修 [M]. 北京：机械工业出版社，2014.
[8] 崔胜民. 新能源汽车概论 [M]. 北京：北京大学出版社，2015.
[9] 徐斌. 新能源汽车 [M]. 北京：人民交通出版社，2015.

附　　录

附录A 《纯电动汽车整车控制系统检测与修复》理实一体化教室布置图

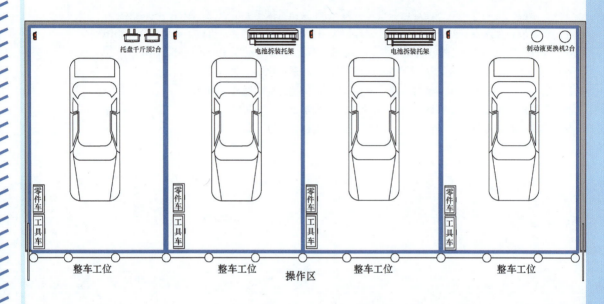